Ajurvedos virtuvė

1200 dienų sveiki receptai sveikatai ir pusiausvyrai gaminant ajurvedą

Gytis Vaicekauskas

Sommario

PAGRINDINIS PATIEKAS: ANKŠTĖS IR GRŪDAI 135

ĮVADAS

Ajurvedos valgio gaminimas yra senovės Indijos praktika, kurioje pabrėžiamas visaverčio, natūralaus maisto naudojimas siekiant palaikyti pusiausvyrą ir gerovę. Ajurvedos virtuvė: kulinarijos knygoje yra 100 naudingų receptų, kuriuose tradiciniai Ajurvedos principai derinami su šiuolaikinėmis maisto gaminimo technikomis ir ingredientais.

Nuo pusryčių iki vakarienės šioje kulinarijos knygoje rasite įvairių patiekalų, kurie yra ir maitinantys, ir skanūs. Receptai apima kitchari, vieno puodo patiekalą iš ryžių ir lęšių, auksinį pieną, šildantį ir raminantį gėrimą iš ciberžolės ir daržovių karį su prieskoniais, tokiais kaip kmynai ir kalendra.

Prie kiekvieno recepto pridedama spalvota nuotrauka ir pateikiama informacija apie konkrečią naudojamų ingredientų naudą. Be receptų, šioje kulinarijos knygoje supažindinama su Ajurvedos principais ir kaip jie gali būti taikomi gaminant maistą ir valgant, taip pat pateikiami patarimai, kaip apsirūpinti ajurvedos sandėliuku.

Nesvarbu, ar esate naujokas Ajurvedoje, ar patyręs specialistas, „Ajurvedos virtuvė: kulinarijos knyga" yra vertingas šaltinis, padedantis įtraukti šią senovinę praktiką į savo kasdienį gyvenimą ir išlaikyti sveikatą bei pusiausvyrą laikantis dietos.

Kaip pavalgyti savo Došai

Ajurvedos ramsčiai yra sveikas, sveikas maistas ir došos laikymasis, nes sveikata grindžiama proto, kūno ir dvasios pusiausvyra. Ši subtili pusiausvyra pasiekiama laikantis principų, primenančių, kad esame save gydančios būtybės ir kad gerą sveikatą galime išlaikyti ar atkurti pasirinkę gydomąjį maistą, subalansuotą gyvenimo būdą ir vidinę ramybę.

Došos yra kiekviename iš mūsų, tačiau visada yra viena doša, kuri yra labiau dominuojanti ir turi būti subalansuota kitų dviejų, kad būtų pasiekta optimali sveikata. Tai galite pasiekti valgydami došai būdingą maistą, kad pamaitintumėte savo kūną ir palaikytumėte pusiausvyrą bei vengtumėte valgių, kurie sukelia disbalansą. Disbalansas yra daugelio ligų ir sveikatos problemų, įskaitant prastą virškinimą, nemigą, nerimą, odos sutrikimus ir kt., priežastis.

Pagal Ajurvedą visata sudaryta iš penkių elementų:
- Vayu/Air
- Jala / vanduo
- Akašas / Kosmosas
- Teja/Ugnis
- Prithvi / Žemė

Šie elementai susijungia ir sukuria tris skirtingas došas arba gyvybės energijas:
a. **Vata/Kosmosas ir oras**

Vatai energingi, kūrybingi ir išraiškingi. Jie paprastai būna lengvi miegamieji liesais rėmais. Ši doša kenčia nuo nerimo ir silpnumo, kai išeina iš pusiausvyros.

b. Pitta / Ugnis ir vanduo

Pitai yra protingi, ambicingi ir greito proto žmonės. Jie trumpai miega giliai, yra atletiško kūno sudėjimo ir dažniausiai šilti. Pitta disbalansas gali sukelti odos bėrimus, rėmenį ir virškinimo sutrikimus.

c. Kapha/Vanduo ir ugnis

Kaphas yra puoselėjančios, ramios ir dėmesingos. Jie gerai miega, vertina rutiną ir turi tvirtą kūną. Kai ši doša yra išbalansuota, ji gali tapti antsvoriu, melancholija ir per daug miegoti.

Maistas, kurį reikia valgyti (veganiškas ir be glitimo)

Vata
a. **Vaisiai:**Obuoliai, bananai, uogos, mangai, persikai, ananasai, datulės ir figos
b. **Grūdai:**quinoa, ryžiai ir avižos
c. **Daržovės:**saldžiosios bulvės, šparagai, burokėliai, morkos, svogūnai, ridikai, ropės ir šparaginės pupelės
d. **Ankštiniai augalai:**raudonieji lęšiai, avinžirniai ir mung pupelės
e. **Pieno produktai:**veganiškas sviestas, veganiškas sūris ir veganiškas pienas
f. **Riešutai ir sėklos:**visi riešutai ir sėklos
g. **Žolelės ir prieskoniai:**visos žolelės ir prieskoniai

Pita
a. **Vaisiai:**saldūs ir prinokę vaisiai, tokie kaip bananai, melionai, vyšnios, kokosai, apelsinai, kriaušės, ananasai, slyvos ir razinos
b. **Grūdai:**quinoa, avižos, kviečiai ir baltieji ryžiai
c. **Daržovės:**šparagai, grybai, brokoliai, kopūstai, morkos, žiediniai kopūstai, agurkai, šparaginės pupelės, žalumynai, žirniai, bulvės, moliūgai ir saldžiosios bulvės
d. **Ankštiniai augalai:**juodosios pupelės, avinžirniai, pupelės, lęšiai ir mung pupelės
e. **Pieno produktai:**veganiškas sviestas, veganiškas sūris, veganiškas ghee ir veganiškas pienas
f. **Riešutai ir sėklos:**nulupti migdolai, kokosai ir linų sėmenys
g. **Žolelės ir prieskoniai:**bazilikas, cinamonas, imbieras, mėtos, šafranas ir ciberžolė

Kapha

a. **Vaisiai:**obuoliai, abrikosai, uogos, kriaušės, granatai, džiovintos figos, slyvos ir razinos.

b. **Grūdai:**grikiai, kukurūzai, soros ir sausos avižos

c. **Daržovės:** šparagai, burokėliai, brokoliai, kopūstai, morkos, žiediniai kopūstai, baklažanai, česnakai, žalumynai, grybai, svogūnai, žirniai, paprikos, bulvės ir ridikai

d. **Ankštiniai augalai:**dauguma yra priimtini, įskaitant juodąsias pupeles, avinžirnius, lęšius ir baltąsias pupeles

e. **Pieno produktai:**Sojų pienas

f. **Riešutai ir sėklos:**saulėgrąžų sėklos, moliūgų sėklos ir linų sėklos

g. **Žolelės ir prieskoniai:**visos žolelės ir prieskoniai

Maisto produktai, kurių reikia vengti

Vata

a. **Vaisiai:**džiovintos datulės, džiovintos figos, razinos, slyvos, žali obuoliai, spanguolės, kriaušės, granatai ir arbūzas

b. **Grūdai:**grikiai, kukurūzai, soros, kvinoja ir kviečiai

c. **Daržovės:**šaldytos arba žalios daržovės, taip pat virti brokoliai, žiediniai kopūstai, grybai, bulvės ir pomidorai

d. **Mėsa:**triušiena, ėriena, kiauliena ir elniena

e. **Ankštiniai augalai:**pupelių ir avinžirnių

f. **Pieno produktai:**jogurtas

Pita

a. **Vaisiai:**dauguma rūgščių vaisių, įskaitant greipfrutus, uogas, vynuoges, citrinas ir rabarbarus

b. **Grūdai:**kukurūzai, soros ir ryžiai

c. **Daržovės:**česnakai, burokėliai, čili pipirai, baklažanai, svogūnai ir pomidorai

d. **Paukštiena:**antis

e. **Žuvis ir jūros gėrybės:**jūros žuvis

f. **Mėsa:**jautiena, ėriena ir kiauliena

g. **Ankštiniai augalai:**sojos

h. **Pieno produktai:**sūdyto sviesto, kietojo sūrio, grietinės ir jogurto

i. **Riešutai ir sėklos:**migdolai, anakardžiai, chia sėklos, lazdyno riešutai, žemės riešutai, pekano riešutai, pistacijos, sezamas ir graikiniai riešutai

j. **Žolelės ir prieskoniai:**lauro lapas, kajenas, česnakas, muskato riešutas, paprika, rozmarinas, šalavijas ir čiobreliai

Kapha

a. **Vaisiai:**bananai, kokosai, datulės, greipfrutai, kiviai, apelsinai, slyvos ir arbūzas

b. **Grūdai:**virtos avižos, ryžiai ir kviečiai

c. **Daržovės:**agurkai, alyvuogės, moliūgai, saldžiosios bulvės ir cukinijos

d. **Paukštiena:**antis ir tamsioji kalakutiena

e. **Žuvis ir jūros gėrybės:**žuvis.

f. **Mėsa:**jautiena, ėriena, kiauliena

g. **Ankštiniai augalai:**sojos pupelės, pupelės ir miso

h. **Pieno produktai:**sviestas, sūris, pienas ir jogurtas

i. **Riešutai ir sėklos:**anakardžiai, lazdyno riešutai, žemės riešutai, pekano riešutai, pistacijos, sezamas ir graikiniai riešutai

j. **Žolelės ir prieskoniai:**druskos

PUSRYČIAI IR PRIEŠVIEJI

1. Grikių blyneliai

Padaro: 3 blyneliai

INGRIDIENTAI:
- ½ puodelio vandens
- ¼ arbatinio šaukštelio imbiero miltelių
- 1 arbatinis šaukštelis maltų linų sėmenų
- ½ stiklinės grikių
- ½ arbatinio šaukštelio cinamono
- Veganiškas sviestas virimui

INSTRUKCIJOS:
a) Sumaišykite visus ingredientus dubenyje. Palikite mišinį 8-10 minučių.
b) Kai būsite pasiruošę virti, ant vidutinės ugnies įdėkite veganišką sviestą.
c) Paimkite tris šaukštus tešlos ir šaukšto nugara plonai paskleiskite.
d) Kai viršutinėje pusėje pradės atsirasti burbuliukų, atsargiai apverskite krepą ir apkepkite kitą pusę kelias minutes.

2. Gydomieji pusryčiai Lassi

Padaro: 2 porcijos

INGRIDIENTAI:
- ½ puodelio kokoso-migdolų jogurto
- ½ puodelio išgryninto vandens, filtruoto arba šaltinio
- 1 Medjool datulė be kauliukų
- žiupsnelis ciberžolės miltelių
- žiupsnelio cinamono miltelių
- žiupsnelis kardamono miltelių
- 3 šafrano stigmos neprivalomos

INSTRUKCIJOS:
a) Sudėkite visus ingredientus į trintuvą ir plakite 2 minutes, kol masė taps vienalytė.
b) Išgerti iš karto.

3. <u>Sorų vafliai</u>

Gamina: 4

INGRIDIENTAI:

- 1 puodelis sorų
- 1 puodelis neskrudintų grikių
- $\frac{1}{4}$ puodelio linų sėmenų
- $\frac{1}{4}$ puodelio susmulkintų nesaldžių kokoso drožlių
- 2 šaukštai melasos arba agavos
- 2 valgomieji šaukštai nerafinuoto kokosų aliejaus
- $\frac{1}{2}$ arbatinio šaukštelio druskos
- 1 arbatinis šaukštelis malto cinamono
- 1 apelsino žievelė
- $\frac{1}{4}$ puodelio saulėgrąžų
- Šokolado sirupas

INSTRUKCIJOS:

a) Į indą sudėkite soras, grikius, linus ir įpilkite vandens; palikite pastovėti per naktį ir tada nukoškite.

b) Sudėkite grūdus į maišytuvą su pakankamai vandens, kad apsemtų grūdus.

c) Sumaišykite likusius ingredientus, išskyrus saulėgrąžas.

d) Sumaišykite, kad susidarytų tiršta tešla.

e) Į karštą vaflinę įdėkite šiek tiek tešlos.

f) Tešlą apibarstykite saulėgrąžomis ir kepkite pagal gamintojo nurodymus.

g) Patiekite su mėgstamais priedais arba be jų.

4. Tofu ir kopūstų peštynės

Gamina: 2

INGRIDIENTAI:
- 2 puodeliai kopūstų, susmulkintų
- 2 šaukštai alyvuogių aliejaus
- 8 uncijos ypač tvirto tofu, nusausinto ir sutrupinto
- $\frac{1}{4}$ raudonojo svogūno, plonais griežinėliais
- $\frac{1}{2}$ raudonųjų pipirų, plonais griežinėliais

PADAŽAS
- Vanduo
- $\frac{1}{4}$ šaukštų ciberžolės
- $\frac{1}{2}$ šaukštelio jūros druskos
- $\frac{1}{2}$ valgomojo šaukšto maltų kmynų
- $\frac{1}{2}$ valgomojo šaukšto česnako miltelių
- $\frac{1}{4}$ šaukštelio čili miltelių

DĖL PATEIKIMO
- Pusryčių bulvės arba skrebučiai
- Salsa
- Cilantro
- Aštrus padažas

INSTRUKCIJOS:
PADAŽAS

a) Sumaišykite sausus prieskonius inde su pakankamai vandens, kad susidarytų pilamas padažas. Padėkite į šalį.

b) Keptuvėje įkaitinkite alyvuogių aliejų ir pakepinkite svogūną bei raudonąją papriką.

c) Įmaišykite daržoves ir pagardinkite trupučiu druskos bei pipirų.

d) Virkite 5 minutes arba kol suminkštės.

e) Suberkite kopūstus ir uždenkite 2 minutes, kad išgaruotų.

f) Perkelkite daržoves į vieną keptuvės pusę ir sudėkite tofu.

g) Po 2 minučių supilkite padažą ir greitai išmaišykite, kad padažas pasiskirstytų tolygiai.

h) Virkite dar 6 minutes arba tol, kol tofu lengvai paruduos.

i) Patiekite su pusryčių bulvėmis arba duona.

5. Vaisiai ir kvinojos baltymai Avižos

Gamina: 1

INGRIDIENTAI:

- $\frac{1}{4}$ puodelio susmulkintų avižų be glitimo
- $\frac{1}{4}$ puodelio virtos quinoa
- 2 šaukštai natūralių vanilės veganiškų baltymų miltelių
- 1 valgomasis šaukštas maltų linų sėmenų
- 1 valgomasis šaukštas cinamono
- $\frac{1}{4}$ banano, sutrinto
- Keli lašai skystos stevijos
- $\frac{1}{4}$ puodelio aviečių
- $\frac{1}{4}$ puodelio mėlynių
- $\frac{1}{4}$ puodelio pjaustytų persikų
- $\frac{3}{4}$ puodelio nesaldinto migdolų pieno

PRIEDAI:

- skrudintas kokosas
- migdolų sviestas
- migdolai
- džiovinti vaisiai
- švieži vaisiai

INSTRUKCIJOS:

a) Sumaišykite avižas, kvinoją, baltymų miltelius, maltus linus ir cinamoną ir išmaišykite, kad susimaišytų

b) Įpilkite trintų bananų, stevijos, uogų ir persikų.

c) Įpilkite migdolų pieno ir sumaišykite ingredientus.

d) Laikyti šaldytuve per naktį.

e) Patiekite šaltą!

6. <u>Obuolių dribsniai</u>

Padaro: 1 porcija

INGRIDIENTAI:
- 1 obuolys
- 1 kriaušė
- 2 lazdelės saliero
- 1 valgomasis šaukštas vandens
- Žiupsnelis cinamono

INSTRUKCIJOS:
a) Obuolius, kriaušes ir salierus supjaustykite gabalėliais ir sudėkite į maišytuvą.
b) Sumaišykite vaisius ir daržoves su vandeniu iki vientisos konsistencijos.
c) Jei norite, pagardinkite cinamonu.

7. Žiediniais kopūstais įdaryti Paratha

Gamintojas: 12

INGRIDIENTAI:
- 2 puodeliai tarkuotų žiedinių kopūstų
- 1 arbatinis šaukštelis rupios jūros druskos
- $\frac{1}{2}$ arbatinio šaukštelio garam masala
- $\frac{1}{2}$ arbatinio šaukštelio ciberžolės miltelių
- 1 partijabe glitimoRoti tešla

INSTRUKCIJOS:
a) Giliame dubenyje sumaišykite žiedinį kopūstą, druską, garam masala ir ciberžolę.

b) Iš roti tešlos paimkite golfo kamuoliuko dydžio porciją ir kočiokite tarp delnų.

c) Išlyginkite jį delnuose ir iškočiokite ant lentos.

d) Į tešlos centrą dėkite po šaukštą žiedinių kopūstų įdaro.

e) Sulenkite visas puses taip, kad jos susidurtų viduryje.

f) Nuvalykite aikštęmiltai be glitimo.

g) Dar kartą iškočiokite iki plonos ir apvalios.

h) Įkaitinkite keptuvę, tada sudėkite parathas ir kepkite 30 sekundžių arba kol sutvirtės.

i) Apverskite ir kepkite 30 sekundžių.

j) Sutepkite aliejumi ir kepkite, kol abi pusės šiek tiek apskrus.

8. Špinatais įdaryta Paratha

Gamina: 20-24

INGRIDIENTAI:

- 1 puodelis vandens
- 3 puodeliaibe glitimoparatha miltai
- 2 puodeliai šviežių špinatų, apipjaustytų ir smulkiai pjaustytų
- 1 arbatinis šaukštelis rupios jūros druskos

INSTRUKCIJOS:

a) Virtuvės kombainu sumaišykite miltus be glitimo ir špinatus.

b) Įpilkite vandens, druskos ir plakite, kol tešla taps lipni.

c) Kelias minutes minkykite ant paviršiaus, kol jis taps lygus.

d) Paimkite golfo kamuoliuko dydžio tešlos gabalėlį ir iškočiokite jį tarp delnų.

e) Paspausdami tarp delnų iškočiokite ant paviršiaus, kad šiek tiek išsilygintumėte.

f) Prieš apversdami, kepkite sunkioje keptuvėje 30 sekundžių.

g) Įpilkite aliejaus ir kepkite, kol visos pusės gražiai apskrus.

9. Skilusių kviečių gydymas anakardžiais

Padaro: 3 porcijos

INGRIDIENTAI:

- 1 citrinos sultys
- 1 puodelis susmulkintų kviečių
- ½ geltonojo arba raudonojo svogūno, nulupto ir supjaustyto kubeliais
- 1 arbatinis šaukštelis rupios jūros druskos
- 2 puodeliai verdančio vandens
- 1 morka, nulupta ir supjaustyta kubeliais
- 1 valgomasis šaukštas aliejaus
- 1 tajų, serrano arba kajeno čili,
- ¼ puodelio žalių anakardžių, sausai skrudintų
- 1 arbatinis šaukštelis juodųjų garstyčių sėklų
- 4 kario lapeliai, stambiai supjaustyti
- ½ puodelio žirnių, šviežių arba šaldytų

INSTRUKCIJOS:

a) Sausai skrudinkite susmulkintus kviečius 7 minutes arba kol paruduos.
b) Dideliame, sunkiame puode įkaitinkite aliejų.
c) Suberkite garstyčių sėklas ir virkite 30 sekundžių arba tol, kol jos sušnypš.
d) Troškinkite kario lapus, svogūną, morką, žirnius ir čili 3 minutes.
e) Suberkite susmulkintus kviečius, anakardžius ir druską ir gerai išmaišykite.
f) Į mišinį įpilkite verdančio vandens.
g) Troškinkite be dangčio, kol skystis visiškai susigers.
h) Pasibaigus kepimo laikui, įpilkite citrinos sulčių.
i) Atidėkite 15 minučių, kad skoniai susimaišytų.

10. „Split Gram & Lentil Crêpes".

Gamina: 3

INGRIDIENTAI:

- $\frac{1}{2}$ svogūno, nulupto ir perpjauto per pusę
- 1 puodelis rudųjų basmati ryžių, mirkyti
- 2 šaukštai padalintas gramas, mirkyti
- $\frac{1}{2}$ arbatinio šaukštelio ožragės sėklų, išmirkytų
- $\frac{1}{4}$ puodelio nesmulkintų juodųjų lęšių su oda, išmirkytų
- 1 arbatinis šaukštelis rupios jūros druskos, padalintas
- Aliejus, skirtas kepti
- $1\frac{1}{2}$ stiklinės vandens

INSTRUKCIJOS:

a) Lęšius ir ryžius užpilkite vandeniu.

b) Palikite tešlą fermentuotis 6–7 valandas šiek tiek šiltoje vietoje.

c) Ant vidutinės ugnies įkaitinkite keptuvę.

d) Keptuvėje ištepkite 1 arbatinį šaukštelį aliejaus.

e) Kai keptuvė įkaista, į nepjaustytą, apvalią svogūno dalį įkiškite šakutę.

f) Laikydami už šakės rankenos, patrinkite perpjautą svogūno pusę pirmyn ir atgal.

g) Laikykite nedidelį dubenėlį aliejaus ant šono su šaukštu, kad galėtumėte naudoti vėliau.

h) Supilkite tešlą į karštos, įkaitintos keptuvės centrą.

i) Atlikite lėtus judesius pagal laikrodžio rodyklę kaušelio nugarėlėje nuo centro iki išorinio keptuvės krašto, kol tešla taps plona ir panaši į blynelį.

j) Šaukštu plona srovele supilkite aliejų į ratą aplink tešlą.

k) Virkite dosą, kol ji šiek tiek apskrus.

l) Apverskite ir kepkite ir kitą pusę.

m) Patiekite su prieskoninėmis jeera arba citrininėmis bulvėmis, kokoso čatniu ir sambharu.

11. Gydomieji avinžirnių miltų blyneliai

Gamina: 8

INGRIDIENTAI:

- $\frac{1}{2}$ arbatinio šaukštelio maltos kalendros
- $\frac{1}{2}$ arbatinio šaukštelio ciberžolės miltelių
- 2 žali tajų, serrano arba kajeno čili, susmulkinti
- $\frac{1}{4}$ puodelio džiovintų ožragės lapų
- 2 stiklinės gramų miltų
- 1 arbatinis šaukštelis raudonųjų čili miltelių arba kajeno
- Aliejus, skirtas kepti
- 1 gabalas imbiero šaknis, nuluptas ir sutarkuotas arba sumaltas
- $\frac{1}{2}$ puodelio šviežios kalendros, maltos
- 1 arbatinis šaukštelis rupios jūros druskos
- $1\frac{1}{2}$ stiklinės vandens
- 1 svogūnas, nuluptas ir sumaltas

INSTRUKCIJOS:

a) Dideliame dubenyje sumaišykite gramus miltų ir vandens iki vientisos masės. Atidėti.

b) Sumaišykite likusius ingredientus, išskyrus aliejų.

c) Ant vidutinės ugnies įkaitinkite keptuvę.

d) Ant grotelių ištepkite $\frac{1}{2}$ arbatinio šaukštelio aliejaus.

e) Supilkite tešlą į keptuvės centrą.

f) Tešlą paskleiskite sukamaisiais judesiais pagal laikrodžio rodyklę nuo keptuvės centro į išorę kaušelio nugarėlėje, kad gautumėte ploną, apvalų blyną.

g) Pora kepkite apie 2 minutes iš vienos pusės, tada apverskite, kad iškeptų iš kitos pusės.

h) Mentele paspauskite žemyn, kad įsitikintumėte, jog vidurys taip pat iškeps.

i) Patiekite su mėtų arba persikų chutney ant šono.

12. Ryžių blynelių kremas

Padaro: 6 porcijos

INGRIDIENTAI:

- 3 puodeliai ryžių grietinėlės
- 2 puodeliai nesaldinto paprasto sojų jogurto
- 3 puodeliai vandens
- 1 arbatinis šaukštelis rupios jūros druskos
- $\frac{1}{2}$ arbatinio šaukštelio maltų juodųjų pipirų
- $\frac{1}{2}$ arbatinio šaukštelio raudonųjų čili miltelių arba kajeno
- $\frac{1}{2}$ geltonojo arba raudonojo svogūno, nulupto ir smulkiai supjaustyto
- 1 žalias tajų, serrano arba kajeno čili, susmulkintas
- Aliejus, skirtas kepti, atidėkite į indą
- $\frac{1}{2}$ svogūno, nulupto ir perpjauto per pusę

INSTRUKCIJOS:

a) Dideliame dubenyje sumaišykite ryžių, jogurto, vandens, druskos, juodųjų pipirų ir raudonųjų čili miltelių grietinėlę ir atidėkite 30 minučių, kad šiek tiek fermentuotųsi.

b) Sudėkite svogūną ir čili ir švelniai sumaišykite.

c) Ant vidutinės ugnies įkaitinkite keptuvę.

d) Keptuvėje įkaitiname 1 arbatinį šaukštelį aliejaus.

e) Kai keptuvė įkaista, į nepjaustytą, apvalią svogūno dalį įkiškite šakutę.

f) Įtrinkite perpjautą svogūno pusę pirmyn ir atgal per visą keptuvę.

g) Laikykite svogūną su šakute, kad galėtumėte naudoti tarp dozių.

h) Supilkite pakankamai tešlos į karštos, paruoštos keptuvės centrą.

i) Atlikite lėtus judesius pagal laikrodžio rodyklę kaušelio nugarėlėje nuo centro iki išorinio keptuvės krašto, kol tešla taps plona ir panaši į blynelį.

j) Šaukštu plona srovele supilkite aliejų į ratą aplink tešlą.

k) Kepkite dosą, kol ji lengvai paruduos ir pradės trauktis nuo keptuvės.

l) Apkepkite ir kitą pusę.

13. <u>Masala Tofu Scramble</u>

Padaro: 2 porcijos

INGRIDIENTAI:

- 14 uncijų pakuotė ypač tvirto ekologiško tofu, susmulkinto
- 1 valgomasis šaukštas aliejaus
- 1 arbatinis šaukštelis kmynų sėklų
- $\frac{1}{2}$ svogūno, nulupto ir susmulkinto
- 1 gabalas imbiero šaknis, nuluptas ir sutarkuotas
- 1 žalias tajų, serrano arba kajeno čili, susmulkintas
- $\frac{1}{2}$ arbatinio šaukštelio ciberžolės miltelių
- $\frac{1}{2}$ arbatinio šaukštelio raudonųjų čili miltelių arba kajeno
- $\frac{1}{2}$ arbatinio šaukštelio rupios jūros druskos
- $\frac{1}{2}$ arbatinio šaukštelio juodosios druskos
- $\frac{1}{4}$ puodelio šviežios kalendros, maltos

INSTRUKCIJOS:

a) Sunkioje, plokščioje keptuvėje ant vidutinės ugnies įkaitinkite aliejų.

b) Suberkite kmynus ir virkite 30 sekundžių arba kol sėklos sušnypš.

c) Sudėkite svogūną, imbiero šaknį, čili ir ciberžolę.

d) Virkite ir kepkite 2 minutes, dažnai maišydami.

e) Kruopščiai sumaišykite tofu.

f) Pagardinkite raudonaisiais čili milteliais, jūros druska, juodąja druska ir kalendra.

g) Kruopščiai sumaišykite.

h) Patiekite su skrebučiais arba įvyniotą į karštą roti ar paratha.

14. <u>Carom Seeds blynai</u>

Gamina: 4

INGRIDIENTAI:
- 1 puodelis miltų be glitimo
- 2 šaukštai augalinio aliejaus
- 1 puodelis sojų jogurto
- $\frac{1}{4}$ raudonojo svogūno, nulupto ir smulkiai pjaustyto
- Druska, pagal skonį
- Vanduo kambario temperatūroje, pagal poreikį
- $\frac{1}{4}$ arbatinio šaukštelio kepimo miltelių
- $\frac{1}{4}$ arbatinio šaukštelio karamono sėklų
- 1 raudona paprika, išskobta ir smulkiai pjaustyta
- $\frac{1}{2}$ pomidoro, išskobtu ir smulkiai pjaustytu

INSTRUKCIJOS:
a) Sumaišykite miltus, sojų jogurtą ir druską; gerai ismaisyti.
b) Įpilkite tiek vandens, kad pasiektumėte blynų tešlos konsistenciją.
c) Suberkite kepimo miltelius. Atidėti.
d) Maišymo dubenyje sumaišykite karūnos sėklas, svogūnus, paprikas ir pomidorus.
e) Įkaitinkite keptuvę su keliais lašais aliejaus.
f) Į keptuvės centrą įdėkite $\frac{1}{4}$ puodelio tešlos.
g) Kol blynas dar drėgnas, užpilkite užpilą.
h) Užlašinkite kelis lašus aliejaus per kraštus.
i) Apverskite blyną ir kepkite dar 2 minutes.
j) Patiekite karštą.

15. Gydomasis abrikosų ir bazilikų kokteilis

Padaro: 1 kokteilis

INGRIDIENTAI
- 4 švieži abrikosai
- kelių lapelių šviežio baziliko
- ½ puodelio vyšnių
- 1 puodelis vandens

INSTRUKCIJOS
a) Visus ingredientus sutrinkite blenderiu.
b) Mėgautis.

16. <u>Jaggery blynai</u>

Padaro: 8 blynai

INGRIDIENTAI:
- 1 puodelisbe glitimomiltai
- ½ puodelio jaggerio
- ½ arbatinio šaukštelio pankolio sėklų
- 1 puodelis vandens

INSTRUKCIJOS:
a) Sumaišykite visus ingredientus dideliame maišymo dubenyje ir palikite bent 15 minučių.
b) Ant vidutinės ugnies įkaitinkite lengvai aliejumi pateptas groteles arba keptuvę.
c) Tešlą supilkite arba supilkite ant grotelių.
d) Tešlą šiek tiek paskleiskite kaušelio užpakaline dalimi, judėdami pagal laikrodžio rodyklę nuo centro, per daug jos neskiesti.
e) Apkepkite iš abiejų pusių ir patiekite iš karto.

17. Graikinių riešutų košė

Gamina: 5

INGRIDIENTAI:
- $\frac{1}{2}$ puodelio pekano riešutų
- $\frac{1}{2}$ puodelio migdolų
- $\frac{1}{4}$ puodelio saulėgrąžų
- $\frac{1}{4}$ puodelio chia sėklų
- $\frac{1}{4}$ puodelio nesaldintų kokosų drožlių
- 4 puodeliai nesaldinto migdolų pieno
- $\frac{1}{2}$ arbatinio šaukštelio cinamono miltelių
- $\frac{1}{4}$ arbatinio šaukštelio imbiero miltelių
- 1 arbatinis šaukštelis stevijos miltelių
- 1 valgomasis šaukštas migdolų sviesto

INSTRUKCIJOS:
a) Pekano riešutus, migdolus ir saulėgrąžas sutrinkite virtuviniu kombainu.
b) Į keptuvę supilkite riešutų mišinį, chia sėklas, kokoso drožles, migdolų pieną, prieskonius ir steviją ir švelniai užvirkite; troškinkite 20 minučių.
c) Patiekite su šlakeliu migdolų sviesto.

18. Cinamoninė kvinoja su persikais

Gamina: 6

INGRIDIENTAI:
- Virimo purškalas
- 2 $\frac{1}{2}$ stiklinės vandens
- $\frac{1}{2}$ arbatinio šaukštelio malto cinamono
- 1$\frac{1}{2}$ puodelio be riebalų pusantros
- 1 puodelis nevirtos quinoa, nuplauti, nusausinti
- $\frac{1}{4}$ puodelio cukraus
- 1$\frac{1}{4}$ arbatinio šaukštelio vanilės ekstrakto
- 2 puodeliai šaldytų, nesaldžių persikų griežinėlių
- $\frac{1}{4}$ puodelio kapotų pekano riešutų, sausai skrudintų

INSTRUKCIJOS:
a) Padenkite lėtą viryklę virimo purkštuvu.

b) Užpildykite vandeniu ir virkite quinoa ir cinamoną 2 valandas ant silpnos ugnies.

c) Atskirame dubenyje sumaišykite pusę su puse cukraus ir vanilės esencijos.

d) Supilkite quinoa į dubenėlius.

e) Ant viršaus sudėkite persikus, po to pusantro mišinio ir pekano riešutus.

19. Quinoa košė

Gamina: 1

INGRIDIENTAI:

- 2 puodeliai vandens
- $\frac{1}{2}$ arbatinio šaukštelio ekologiško vanilės ekstrakto
- $\frac{1}{2}$ puodelio kokoso pieno
- 1 puodelis nevirtos raudonosios quinoa, nuplautos ir nusausintos
- $\frac{1}{4}$ arbatinio šaukštelio šviežios citrinos žievelės, smulkiai tarkuotos
- 10-12 lašų skystos stevijos
- 1 arbatinis šaukštelis malto cinamono
- $\frac{1}{2}$ arbatinio šaukštelio malto imbiero
- $\frac{1}{2}$ arbatinio šaukštelio malto muskato riešuto
- Žiupsnelis maltų gvazdikėlių
- 2 šaukštai migdolų, susmulkintų

INSTRUKCIJOS:

a) Keptuvėje sumaišykite quinoa, vandenį ir vanilės ekstraktą ir užvirinkite.

b) Sumažinkite iki mažos ugnies ir troškinkite apie 15 minučių.

c) Į keptuvę su quinoa įpilkite kokosų pieno, citrinos žievelės, stevijos ir prieskonių ir išmaišykite.

d) Nukelkite quinoa nuo ugnies ir iš karto suplakite šakute.

e) Kvinos mišinį tolygiai paskirstykite ant serviravimo dubenėlių.

f) Patiekite su smulkintų migdolų garnyru.

20. Gydomoji arbata

Padaro: 2 porcijos

INGRIDIENTAI:
- 10 uncijų vandens
- 3 sveiki gvazdikėliai
- 4 sveikos žalios kardamono ankštys, susmulkintos
- 4 sveiki juodieji pipirai
- $\frac{1}{2}$ lazdelės cinamono
- $\frac{1}{4}$ arbatinio šaukštelio juodosios arbatos
- $\frac{1}{2}$ puodelio sojos pieno
- 2 griežinėliai šviežio imbiero šaknies

INSTRUKCIJOS:
a) Vandenį užvirinkite, tada suberkite prieskonius.

b) Uždenkite ir virkite 20 minučių prieš pildami juodąją arbatą.

c) Po kelių minučių įpilkite sojų pieno ir vėl užvirinkite.

d) Nukoškite, pasaldinkite medumi.

21. Artišokų vanduo

Padaro: 2 porcijos

INGRIDIENTAI:
- 2 artišokai, nupjauti ir apipjaustyti stiebai

INSTRUKCIJOS:
a) Užvirinkite didelį puodą vandens.
b) Sudėkite artišokus ir virkite 30 minučių.
c) Išimkite artišokus ir atidėkite juos vėliau.
d) Prieš gerdami puodelį, leiskite vandeniui atvėsti.

22. Auksinių migdolų ir ciberžolės pienas

Padaro: 2 porcijos

INGRIDIENTAI:
- $\frac{1}{8}$ arbatinio šaukštelio ciberžolės
- $\frac{1}{4}$ puodelio vandens
- 8 uncijos migdolų pieno
- 2 šaukštai žalio migdolų aliejaus
- Medus pagal skonį

INSTRUKCIJOS:
a) Troškinkite ciberžolę vandenyje 8 minutes.
b) Migdolų pieną ir migdolų aliejų užvirinkite.
c) Kai tik pradės virti, nukelkite nuo ugnies.
d) Sumaišykite du mišinius.
e) Pasaldinti medumi.

UŽKARTAI IR UŽKANDŽIAI

23. Okra ir agurkų kąsniai

Gamina: 4

INGRIDIENTAI:

- 1½ svaro okra, nuplauti, nuskinti ir supjaustyti išilgai
- 1 agurkas, supjaustytas
- 1 arbatinis šaukštelis raudonųjų čili miltelių
- ½ arbatinio šaukštelio šilto prieskonių mišinio
- 1 arbatinis šaukštelis sausų mango miltelių
- 3 ½ šaukštų avinžirnių miltų
- 2 puodeliai augalinio aliejaus
- 1 arbatinis šaukštelis Chaat prieskonių mišinio
- Stalo druska, pagal skonį

INSTRUKCIJOS:

a) Dubenyje sumaišykite raudonųjų čili miltelius, prieskonių mišinį ir sausus mango miltelius.

b) Šiuo mišiniu pabarstykite okra.

c) Avinžirnių miltus paskleiskite ant okra.

d) Kruopščiai išmeskite, kad kiekvienas gabalas pasidengtų lengvai ir tolygiai.

e) Įkaitinkite augalinį aliejų gilioje keptuvėje iki 370 °, kol suksis.

f) Įdėkite okra partijomis ir kepkite 4 minutes arba kol gerai apskrus.

g) Išimkite kiaurasamčiu ir nusausinkite ant popierinio rankšluosčio

h) Pabarstykite okra ir agurką prieskonių mišiniu.

i) Viską sumaišykite ir pagardinkite druska.

24. Saldžiosios bulvės su tamarindu

Gamina: 4

INGRIDIENTAI:

- 1 valgomasis šaukštas šviežių citrinų sulčių
- 4 saldžiosios bulvės, nuluptos ir supjaustytos kubeliais
- $\frac{1}{4}$ arbatinio šaukštelio juodosios druskos
- $1\frac{1}{2}$ šaukšto Tamarind Chutney
- $\frac{1}{2}$ arbatinio šaukštelio kmynų sėklų, paskrudintų ir grubiai sumaltų

INSTRUKCIJOS:

a) Saldžiąsias bulves 7 minutes virkite pasūdytame vandenyje, kol suminkštės.

b) Nusausinkite ir atidėkite atvėsti.

c) Sumaišykite visus ingredientus maišymo dubenyje ir švelniai išmaišykite.

d) Patiekite dubenėliuose su dantų krapštukais, įsmeigtais į kubeliais supjaustytas saldžiąsias bulves.

25. Migdolų batonėliai

Padaro: 4 barai

INGRIDIENTAI:

- 1½ puodelio migdolų
- 3 pasimatymai
- 5 abrikosai, mirkyti
- 1 arbatinis šaukštelis cinamono
- ½ puodelio susmulkinto kokoso
- 1 žiupsnelis kardamono
- 1 žiupsnelis imbiero

INSTRUKCIJOS:

a) Virtuvės kombainu susmulkinkite migdolus iki smulkių miltų.

b) Suberkite kokosą ir prieskonius ir vėl išmaišykite.

c) Sumaišykite datules ir abrikosus, kol gerai susimaišys.

d) Supjaustykite stačiakampiais strypais.

26. Figomis įdarytos kriaušės

Padaro: 2 porcijos

INGRIDIENTAI:

- 5 figos, mirkytos
- $\frac{1}{2}$ arbatinio šaukštelio cinamono
- 1 žiupsnelis muskato riešuto
- $\frac{1}{2}$ puodelio mirkymo vandens iš figų
- 1 gabaliukas šviežio imbiero, tarkuoto
- 1 kriaušė
- $\frac{1}{4}$ puodelio graikinių riešutų
- 2 arbatinius šaukštelius citrinos sulčių

INSTRUKCIJOS:

a) Virtuvės kombainu susmulkinkite graikinius riešutus.
b) Įdėkite figų ir vėl sumaišykite.
c) Sumaišykite likusius ingredientus, kol gerai susimaišys.
d) Supjaustykite kriaušę ir paskleiskite mišinį ant viršaus.

27. Prieskonių rutuliukai

Padaro: 10-15 rutuliukų

INGRIDIENTAI:

- 2 arbatinius šaukštelius maltų gvazdikėlių
- $1\frac{1}{2}$ stiklinės saulėgrąžų
- $\frac{1}{4}$ puodelio kokosų aliejaus, ištirpinto
- 2 šaukštai cinamono
- 1 nedidelis puodelis migdolų
- $1\frac{3}{4}$ puodelio razinų, išmirkytų
- $\frac{1}{2}$ puodelio moliūgų sėklų
- 2 arbatinius šaukštelius malto imbiero
- žiupsnelis druskos

INSTRUKCIJOS:

a) Virtuviniame kombaine susmulkinkite migdolus, saulėgrąžas ir moliūgų sėklas.

b) Dar kartą apdorokite, įdėję prieskonių ir druskos.

c) Sumaišykite šiltą ištirpintą kokosą ir razinas, kol gerai susimaišys.

d) Išspauskite į rutuliukus ir atvėsinkite.

28. Salierų užkandis

Padaro: 1 porcija

INGRIDIENTAI:

- $\frac{1}{4}$ puodelio graikinių riešutų, išmirkytų ir susmulkintų
- 1 obuolys, supjaustytas kąsnio dydžio gabalėliais
- 1 saliero stiebas, supjaustytas kąsnio dydžio gabalėliais

INSTRUKCIJOS:

a) Sumaišykite visus ingredientus.

29. Spirulinos rutuliukai

Padaro: 10-15 rutuliukų

INGRIDIENTAI:

- tarkuotos citrinos žievelės iš 2 citrinų
- 3 puodeliai lazdyno riešutų
- 1 valgomasis šaukštas spirulinos miltelių
- 1½ stiklinės razinų, išmirkytų
- 2 šaukštai kokosų aliejaus

INSTRUKCIJOS:

a) Virtuviniu kombainu susmulkinkite lazdyno riešutus iki smulkios masės.

b) Suberkite razinas ir dar kartą apdorokite.

c) Įpilkite kokosų aliejaus, citrinos žievelės ir spirulinos miltelių.

d) Susukite į kąsnio dydžio rutuliukus.

30. P, P ir P užkandis

Padaro: 1 porcija

INGRIDIENTAI:

- $\frac{1}{4}$ papajos, susmulkintos
- $\frac{1}{4}$ puodelio pekano riešutų, susmulkintų
- 1 kriaušė, susmulkinta

INSTRUKCIJOS:

a) Supilkite visus ingredientus į dubenį.

31. Svogūnų krekeriai

Padaro: 3 porcijos

INGRIDIENTAI:

- $1\frac{1}{2}$ stiklinės moliūgų sėklų
- 1 raudonasis svogūnas, smulkiai pjaustytas
- $\frac{1}{2}$ puodelio linų sėmenų, mirkyti 1 puodelyje vandens 4 valandas

INSTRUKCIJOS:

a) Virtuviniame kombaine susmulkinkite moliūgų sėklas, kol susmulkinsite.

b) Sumaišykite linus ir raudonąjį svogūną.

c) Plonu ir lygiu sluoksniu paskleiskite ant pergamentinio popieriaus.

d) Dehidratuokite 10 valandų, apverskite po 5 valandų.

e) Supjaustykite krekerio dydžio gabalėliais.

32. Geltonųjų žiedinių kopūstų, pipirų salotos

Padaro: 2 porcijos

INGRIDIENTAI:
- žiupsnelis druskos
- 2 šaukštai kario
- 1 geltona paprika
- 1 žiedinio kopūsto galva, susmulkinta žiedynais
- 1 valgomasis šaukštas alyvuogių aliejaus
- 2 arbatinius šaukštelius laimo sulčių
- $1\frac{1}{4}$ uncijos žirnių ūglių
- $\frac{3}{4}$ puodelio saulėgrąžų
- 1 avokadas

INSTRUKCIJOS:
a) Virtuviniame kombaine susmulkinkite žiedinius kopūstus, kol susmulkinsite.

b) Įpilkite laimo sulčių, druskos, alyvuogių aliejaus ir kario ir maišykite, kol gerai susimaišys.

c) Sudėkite į dubenį.

d) Paprikas supjaustykite gabalėliais ir sumaišykite su žiediniais kopūstais, žirnių ūgliais ir saulėgrąžų branduoliais.

e) Patiekite su avokado griežinėliais.

33. Spraginti kukurūzai su prieskoniais

Padaro: 10 porcijų

INGRIDIENTAI:

- 1 valgomasis šaukštas aliejaus
- 1 arbatinis šaukštelis garam masala
- ½ puodelio nevirtų kukurūzų spragėsių branduolių
- 1 arbatinis šaukštelis rupios jūros druskos

INSTRUKCIJOS:

a) Gilioje, sunkioje keptuvėje ant vidutinės ugnies įkaitinkite aliejų.

b) Įmaišykite spragėsių branduolius.

c) Troškinkite 7 minutes uždengę keptuvę.

d) Išjunkite ugnį ir palikite spragėsius 3 minutes uždengę dangtį.

e) Įpilkite druskos ir masala pagal skonį.

34. Masala Papad

Gaminiai: 6-10 vaflių

INGRIDIENTAI:

- 1 raudonasis svogūnas, nuluptas ir susmulkintas
- 2 pomidorai, supjaustyti kubeliais
- 1 arbatinis šaukštelis Chaat Masala
- 1 pakuotė parduotuvėje pirkto papad
- 1 žalia Tailando čili, nuimti stiebai, smulkiai supjaustyti
- Raudoni čili milteliai arba kajenas pagal skonį
- 2 šaukštai aliejaus

INSTRUKCIJOS:

a) Naudodami žnyples, ant viryklės kaitinkite po vieną pado.

b) Padėkite papadus ant padėklo.

c) Lengvai sutepkite kiekvieną papadą aliejumi.

d) Dubenyje sumaišykite svogūną, pomidorus ir čili.

e) Ant kiekvienos papadės uždėkite 2 šaukštus svogūnų mišinio.

f) Kiekvieną papadą pabarstykite Chaat Masala ir raudonųjų čili milteliais.

35. Skrudinti Masala riešutai

Padaro: 4 porcijos

INGRIDIENTAI:
- 2 puodeliai žalių migdolų
- 1 valgomasis šaukštas garam masala
- 2 puodeliai žalių anakardžių
- 1 arbatinis šaukštelis rupios jūros druskos
- $\frac{1}{4}$ puodelio auksinių razinų
- 1 valgomasis šaukštas aliejaus

INSTRUKCIJOS:
a) Įkaitinkite orkaitę iki 425 ° F, naudodami orkaitės lentyną viršutinėje padėtyje.
b) Dideliame dubenyje sumaišykite visus ingredientus, išskyrus razinas, ir maišykite, kol riešutai pasidengs tolygiai.
c) Riešutų mišinį dėkite ant paruoštos kepimo skardos vienu sluoksniu.
d) Kepkite 10 minučių, pusiaukelėje atsargiai išmaišykite.
e) Įdėjus razinas, mišinį leiskite atvėsti bent 20 minučių.

36. Chai prieskoniais skrudinti migdolai ir anakardžiai

Padaro: 4 porcijos

INGRIDIENTAI:

- 2 puodeliai žalių migdolų
- $\frac{1}{2}$ arbatinio šaukštelio rupios jūros druskos
- 1 valgomasis šaukštas Chai Masala
- 2 puodeliai žalių anakardžių
- 1 valgomasis šaukštas juodojo arba rudojo cukraus
- 1 valgomasis šaukštas aliejaus

INSTRUKCIJOS:

a) Įkaitinkite orkaitę iki 425 ° F, naudodami orkaitės lentyną viršutinėje padėtyje.

b) Sumaišykite visus ingredientus maišymo dubenyje.

c) Riešutų mišinį dėkite ant paruoštos kepimo skardos vienu sluoksniu.

d) Kepkite 10 minučių, įpusėjus maišyti.

e) Atidėkite 20 minučių, kad atvėstų.

37. Aštrūs avinžirnių poppers

Padaro: 4 porcijos

INGRIDIENTAI:

- 2 šaukštai aliejaus
- 1 valgomasis šaukštas garam masala
- 2 arbatiniai šaukšteliai rupios jūros druskos
- 4 puodeliai virtų avinžirnių, nuplauti ir nusausinti
- 1 arbatinis šaukštelis raudonųjų čili miltelių

INSTRUKCIJOS:

a) Įkaitinkite orkaitę iki 425 ° F, naudodami orkaitės lentyną viršutinėje padėtyje.

b) Maišymo dubenyje švelniai sumaišykite visus ingredientus.

c) Pagardintus avinžirnius sudėkite ant kepimo skardos vienu sluoksniu.

d) Kepkite 15 minučių.

e) Švelniai išmaišykite, kad avinžirniai tolygiai išvirtų, ir virkite dar 10 minučių.

f) Atidėkite 15 minučių, kad atvėstų.

g) Pagardinkite raudonaisiais čili milteliais, kajeno pipirais arba paprika.

38. Keptų daržovių kvadratėliai

Padaro: 25 kvadratai

INGRIDIENTAI:

- 1 puodelis tarkuoto žiedinio kopūsto
- ½ geltonojo arba raudonojo svogūno, nulupto ir supjaustyto kubeliais
- 2 puodeliai tarkuotų baltųjų kopūstų
- 1 gabalas imbiero šaknies, nuluptos ir sutarkuotos arba susmulkintos
- 1 arbatinis šaukštelis raudonųjų čili miltelių arba kajeno
- ¼ arbatinio šaukštelio kepimo miltelių
- ¼ puodelio aliejaus
- 1 puodelis tarkuotos cukinijos
- 4 žali tajų, serrano arba kajeno čili, susmulkinti
- ¼ puodelio maltos šviežios kalendros
- ½ bulvės, nuluptos ir sutarkuotos
- 3 stiklinės gramų miltų
- ½ 12 uncijų pakuotės šilkinio tofu
- 1 valgomasis šaukštas rupios jūros druskos
- 1 arbatinis šaukštelis ciberžolės miltelių

INSTRUKCIJOS:

a) Įkaitinkite orkaitę iki 350 laipsnių pagal Farenheitą.

b) Įkaitinkite kvadratinę kepimo formą.

c) Sumaišykite kopūstus, žiedinius kopūstus, cukinijas, bulves, svogūnus, imbiero šaknis, čili ir kalendrą maišymo dubenyje.

d) Lėtai įmaišykite gramą miltų, kol gerai susimaišys.

e) Tofu sutrinkite virtuviniu kombainu iki vientisos masės.

f) Į daržovių mišinį įpilkite sumaišyto tofu, druskos, ciberžolės, raudonųjų čili miltelių, kepimo miltelių ir aliejaus. Sumaišykite.

g) Supilkite mišinį į paruoštą kepimo skardą.

h) Kepkite 50 minučių.

i) Prieš supjaustydami kvadratėliais, leiskite atvėsti 10 minučių.

j) Patiekite su mėgstamu čatniu.

39. Aštrūs saldžiųjų bulvių pyragaičiai

Padaro: 10 pyragėlių

INGRIDIENTAI:

- $\frac{1}{2}$ stiklinės miltų
- 1 saldžioji bulvė, nulupta ir supjaustyta kubeliais
- $\frac{1}{2}$ geltonojo arba raudonojo svogūno, nulupto ir smulkiai supjaustyto
- 1 valgomasis šaukštas citrinos sulčių
- Susmulkintos šviežios petražolės arba kalendra, papuošimui
- 1 arbatinis šaukštelis ciberžolės miltelių
- 1 arbatinis šaukštelis maltos kalendros
- 1 arbatinis šaukštelis garam masala
- 3 šaukštai aliejaus, padalinti
- 1 gabalėlis imbiero šaknies, nuluptas ir sutarkuotas arba sumaltas
- 1 arbatinis šaukštelis kmynų sėklų
- 1 arbatinis šaukštelis raudonųjų čili miltelių arba kajeno
- 1 puodelis žirnių, šviežių arba šaldytų
- 1 žalias tajų, serrano arba kajeno čili, susmulkintas
- 1 arbatinis šaukštelis rupios jūros druskos

INSTRUKCIJOS:

a) Bulvę troškinkite garuose 7 minutes arba kol suminkštės.

b) Švelniai sulaužykite jį bulvių trintuvu.

c) Negilioje keptuvėje ant vidutinės ugnies įkaitinkite 2 šaukštus aliejaus.

d) Suberkite kmynus ir virkite 30 sekundžių arba tol, kol sušils.

e) Įpilkite svogūnų, imbiero šaknų, ciberžolės, kalendros, garam masala ir raudonųjų čili miltelių.

f) Virkite dar 3 minutes arba kol suminkštės.

g) Leiskite mišiniui atvėsti.

h) Kai mišinys atvės, supilkite jį į bulves kartu su žirneliais, žaliaisiais čiliukais, druska, gramu miltų ir citrinos sultimis.

i) Kruopščiai išmaišykite rankomis.

j) Iš mišinio suformuokite paplotėlius ir padėkite juos ant kepimo skardos.

k) Sunkioje keptuvėje ant vidutinės ugnies įkaitinkite likusį 1 šaukštą aliejaus.

l) Kepkite pyragėlius dalimis po 3 minutes iš kiekvienos pusės.

m) Patiekite, papuoškite šviežiomis petražolėmis arba kalendra.

PAGRINDINIS PATIEKAS: DARŽOVĖS

40. Pagardintas tofu ir pomidorais

Padaro: 4 porcijos

INGRIDIENTAI:
- 2 šaukštai aliejaus
- 1 valgomasis šaukštas kmynų sėklų
- 1 arbatinis šaukštelis ciberžolės miltelių
- 1 raudonas arba geltonas svogūnas, nuluptas ir sumaltas
- 1 gabalėlis imbiero šaknies, nuluptas ir sutarkuotas arba sumaltas
- 6 skiltelės česnako, nuluptos ir sutarkuotos arba susmulkintos
- 2 pomidorai, nulupti ir supjaustyti
- 4 žali tajų, serrano arba kajeno čili, susmulkinti
- 1 valgomasis šaukštas pomidorų pastos
- Dvi 14 uncijų pakuotės ypač tvirto ekologiško tofu, kepto ir supjaustyto kubeliais
- 1 valgomasis šaukštas garam masala
- 1 valgomasis šaukštas džiovintų ožragės lapų, lengvai sutraiškytų rankomis, kad išsiskirtų jų skonis
- 1 puodelis vandens
- 2 arbatiniai šaukšteliai rupios jūros druskos
- 1 arbatinis šaukštelis raudonųjų čili miltelių arba kajeno
- 2 žalios paprikos, išskobtos ir supjaustytos kubeliais

INSTRUKCIJOS:
a) Sunkioje keptuvėje ant vidutinės ugnies įkaitinkite aliejų.
b) Sudėkite kmynus ir ciberžolę.
c) Virkite 30 sekundžių arba tol, kol sėklos sušnypš.
d) Sudėkite svogūną, imbiero šaknį ir česnaką.

e) Kepkite, retkarčiais pamaišydami, 2–3 minutes arba tol, kol švelniai apskrus.

f) Įpilkite pomidorų, čili, pomidorų pastos, garam masala, ožragės, vandens, druskos ir raudonųjų čili miltelių.

g) Troškinkite neuždengę 8 minutes.

h) Sudėjus paprikas, pavirti dar 2 minutes.

i) Švelniai įmaišykite tofu.

j) Virkite dar 2 minutes arba tol, kol visiškai įkais.

41. Kmynų bulvių maišas

Padaro: 4 porcijos

INGRIDIENTAI:
- 1 valgomasis šaukštas kmynų sėklų
- 1 valgomasis šaukštas aliejaus
- $\frac{1}{2}$ arbatinio šaukštelio mango miltelių
- 1 žalias tajų, serrano arba kajeno čili, nuimti stiebai, plonais griežinėliais
- $\frac{1}{4}$ puodelio maltos šviežios kalendros, maltos
- 1 svogūnas, nuluptas ir supjaustytas kubeliais
- $\frac{1}{2}$ arbatinio šaukštelio asafoetida
- $\frac{1}{2}$ arbatinio šaukštelio ciberžolės miltelių
- 1 gabalas imbiero šaknis, nuluptas ir sutarkuotas arba sumaltas
- $\frac{1}{2}$ citrinos sultys
- 3 virtos bulvės, nuluptos ir supjaustytos kubeliais
- 1 arbatinis šaukštelis rupios jūros druskos

INSTRUKCIJOS:
a) Gilioje, sunkioje keptuvėje ant vidutinės ugnies įkaitinkite aliejų.
b) Įpilkite kmynų, asafoetidos, ciberžolės ir mango miltelių.
c) Virkite 30 sekundžių arba tol, kol sėklos sušnypš.
d) Suberkite svogūną ir imbiero šaknį ir kepkite dar minutę, nuolat maišydami, kad nesuliptų.
e) Sudėkite bulves ir druską.
f) Virkite, kol bulvės visiškai sušils.
g) Ant viršaus papuoškite čili, kalendra ir citrinos sultimis.
h) Patiekite su roti arba naan arba apvoliokite besan poora ar dosa.

42. Garstyčių sėklų bulvių maišas

Padaro: 4 porcijos

INGRIDIENTAI:

- 1 valgomasis šaukštas aliejaus
- 1 geltonas arba raudonas svogūnas, nuluptas ir supjaustytas kubeliais
- 3 virtos bulvės, nuluptos ir supjaustytos kubeliais
- 1 arbatinis šaukštelis ciberžolės miltelių
- 1 žalias tajų, serrano arba kajeno čili, nuimti stiebai, supjaustyti plonais griežinėliais
- 1 arbatinis šaukštelis juodųjų garstyčių sėklų
- 1 valgomasis šaukštas padalintas gramas, mirkytas verdančiame vandenyje
- 10 kario lapelių, grubiai pjaustytų
- 1 arbatinis šaukštelis rupios baltos druskos

INSTRUKCIJOS:

a) Gilioje, sunkioje keptuvėje ant vidutinės ugnies įkaitinkite aliejų.

b) Sudėkite ciberžolę, garstyčias, kario lapus ir nusausintą gramą.

c) Virkite 30 sekundžių, nuolat maišydami, kad nesuliptų.

d) Įmaišykite svogūną.

e) Kepkite 2 minutes arba kol šiek tiek apskrus.

f) Įpilkite bulvių, druskos ir čili.

g) Virkite dar 2 minutes.

h) Patiekite su roti arba naan arba apvoliokite besan poora ar dosa.

43. Gydomieji žirniai ir baltieji kopūstai

Padaro: 7 puodeliai

INGRIDIENTAI:
- 1 valgomasis šaukštas kmynų sėklų
- 1 arbatinis šaukštelis ciberžolės miltelių
- 1 puodelis žirnių, šviežių arba šaldytų
- 1 bulvė, nulupta ir supjaustyta kubeliais
- 1 arbatinis šaukštelis maltos kalendros
- 1 arbatinis šaukštelis maltų kmynų
- $\frac{1}{2}$ geltonojo arba raudonojo svogūno, nulupto ir supjaustyto kubeliais
- 3 šaukštai aliejaus
- 1 gabalas imbiero šaknis, nuluptas ir sutarkuotas arba sumaltas
- 6 skiltelės česnako, nuluptos ir susmulkintos
- 1 galvos baltagūžiai kopūstai, smulkiai susmulkinti
- $\frac{1}{2}$ arbatinio šaukštelio raudonųjų čili miltelių arba kajeno
- $1\frac{1}{2}$ šaukštelio jūros druskos
- 1 žalias tajų, serrano arba kajeno čili, nuimtas stiebas, susmulkintas
- 1 arbatinis šaukštelis maltų juodųjų pipirų

INSTRUKCIJOS:
a) Sumaišykite visus ingredientus ir troškinkite 4 valandas.

44. Kopūstai su garstyčių sėklomis ir kokosu

Padaro: 6 porcijos

INGRIDIENTAI:
- 12 kario lapelių, stambiai pjaustytų
- 1 arbatinis šaukštelis rupios jūros druskos
- 2 šaukštai sveikų, nuluptų juodųjų lęšių, išmirkytų verdančiame vandenyje
- 2 šaukštai kokosų aliejaus
- 2 šaukštai susmulkinto nesaldinto kokoso
- 1 galva baltojo kopūsto, susmulkinta
- $\frac{1}{2}$ arbatinio šaukštelio asafoetida
- 1 tajų, serrano arba kajeno čili, nuimti stiebai, supjaustyti išilgai
- 1 arbatinis šaukštelis juodųjų garstyčių sėklų

INSTRUKCIJOS:
a) Gilioje, sunkioje keptuvėje ant vidutinės ugnies įkaitinkite aliejų.

b) Sudėkite asafoetidą, garstyčias, lęšius, kario lapus ir kokosą.

c) Kaitinkite 30 sekundžių arba tol, kol sėklos iššoks.

d) Venkite sudeginti kario lapų ar kokoso.

e) Kadangi sėklos gali iškristi, šalia laikykite dangtį.

f) Įpilkite kopūstų ir druskos.

g) Virkite 2 minutes, dažnai maišydami, kol kopūstai suvys.

h) Įmaišykite čili.

i) Patiekite iš karto, šiltą arba šaltą, su roti arba naan.

45. Pupelės su bulvėmis

Padaro: 5 porcijos

INGRIDIENTAI:

- 1 arbatinis šaukštelis kmynų sėklų
- 1 bulvė, nulupta ir supjaustyta kubeliais
- $\frac{1}{4}$ puodelio vandens
- $\frac{1}{2}$ arbatinio šaukštelio ciberžolės miltelių
- 1 raudonas arba geltonas svogūnas, nuluptas ir supjaustytas kubeliais
- 1 gabalas imbiero šaknis, nuluptas ir sutarkuotas arba sumaltas
- 3 skiltelės česnako, nuluptos ir sutarkuotos arba susmulkintos
- 4 puodeliai susmulkintų pupelių
- 1 valgomasis šaukštas aliejaus
- 1 tajų, serrano arba kajeno čili, susmulkinta
- 1 arbatinis šaukštelis rupios jūros druskos
- 1 arbatinis šaukštelis raudonųjų čili miltelių arba kajeno

INSTRUKCIJOS:

a) Sunkioje, gilioje keptuvėje ant vidutinės ugnies įkaitinkite aliejų.

b) Suberkite kmynus ir ciberžolę ir virkite 30 sekundžių arba kol sėklos sušnypš.

c) Sudėkite svogūną, imbiero šaknį ir česnaką.

d) Kepkite 2 minutes arba iki šiek tiek rudos spalvos.

e) Sudėkite bulves ir nuolat maišydami virkite dar 2 minutes.

f) Įpilkite vandens, kad nesuliptų.

g) Įmaišykite šparagines pupeles.

h) Virkite, retkarčiais pamaišydami, 2 minutes.

i) Į maišymo dubenį įpilkite čili, druskos ir raudonųjų čili miltelių.

j) Troškinkite uždengę 15 minučių, kol pupelės ir bulvės suminkštės.

46. Baklažanai su bulvėmis

Padaro: 6 porcijos

INGRIDIENTAI:
- 2 šaukštai aliejaus
- ½ arbatinio šaukštelio asafoetida
- 2 arbatiniai šaukšteliai rupios jūros druskos
- 1 pomidoras, grubiai pjaustytas
- 4 baklažanai su oda, grubiai supjaustyti, su sumedėjusiais galais
- 1 valgomasis šaukštas maltos kalendros
- 2 tajų, serrano arba kajeno čili, susmulkinti
- 1 arbatinis šaukštelis kmynų sėklų
- ½ arbatinio šaukštelio ciberžolės miltelių
- 1 gabalas imbiero šaknies, nuluptas ir supjaustytas ilgais degtukais
- 4 skiltelės česnako, nuluptos ir smulkiai supjaustytos
- 1 valgomasis šaukštas garam masala
- 1 bulvė, virta, nulupta ir stambiai pjaustyta
- 1 svogūnas, nuluptas ir stambiai pjaustytas
- 1 arbatinis šaukštelis raudonųjų čili miltelių arba kajeno
- 2 šaukštai smulkintos šviežios kalendros, papuošimui

INSTRUKCIJOS:

a) Gilioje, sunkioje keptuvėje ant vidutinės ugnies įkaitinkite aliejų.

b) Sudėkite asafoetidą, kmynus ir ciberžolę.

c) Virkite 30 sekundžių arba tol, kol sėklos sušnypš.

d) Įdėkite imbiero šaknį ir česnaką,

e) Kepkite dar 2 minutes arba tol, kol svogūnai ir čili šiek tiek paruduos.

f) Įdėjus pomidorą, kepkite 2 minutes.

g) Įmaišykite baklažanus ir bulves.

h) Įpilkite druskos, garam masala, kalendros ir raudonųjų čili miltelių.

i) Troškinkite dar 10 minučių.

j) Patiekite su roti arba naan ir papuoškite kalendra.

47. Masala Briuselio kopūstai

Padaro: 4 porcijos

INGRIDIENTAI:
- 1 valgomasis šaukštas aliejaus
- 1 arbatinis šaukštelis kmynų sėklų
- 2 puodeliai Gila Masala
- 1 puodelis vandens
- 4 šaukštai anakardžių grietinėlės
- 4 puodeliai Briuselio kopūstų, nupjautų ir perpjautų per pusę
- 2 tajų, serrano arba kajeno čili, susmulkinti
- 2 arbatiniai šaukšteliai rupios jūros druskos
- 1 arbatinis šaukštelis garam masala
- 1 arbatinis šaukštelis maltos kalendros
- 1 arbatinis šaukštelis raudonųjų čili miltelių arba kajeno
- 2 šaukštai smulkintos šviežios kalendros, papuošimui

INSTRUKCIJOS:
a) Gilioje, sunkioje keptuvėje ant vidutinės ugnies įkaitinkite aliejų.
b) Suberkite kmynus ir virkite 30 sekundžių arba kol sėklos sušnypš.
c) Įpilkite gydomosios pomidorų sriubos, vandens, anakardžių grietinėlės, Briuselio kopūstų, čili, druskos, garam masala, kalendros ir raudonųjų čili miltelių.
d) Užvirinkite.
e) Troškinkite 12 minučių, kol Briuselio kopūstai suminkštės.
f) Viršuje su kalendra.

48. Graikiškas žiedinis kopūstas

Gamina: 2

INGRIDIENTAI:

- $\frac{1}{2}$ galvos žiedinio kopūsto, supjaustyto kąsnio dydžio gabalėliais
- 2 pomidorai
- 1 agurkas, supjaustytas kubeliais
- $\frac{1}{2}$ raudonosios paprikos, supjaustytos kubeliais
- $\frac{1}{2}$ ryšulio mėtų
- $\frac{1}{2}$ ryšulio kalendros
- $\frac{1}{2}$ ryšulio baziliko
- $\frac{1}{4}$ puodelio česnako
- 10 juodųjų alyvuogių, be kauliukų
- $\frac{1}{2}$ dėžutės saulėgrąžų ūglių, apie 1,5 uncijos
- 1 valgomasis šaukštas alyvuogių aliejaus
- $\frac{1}{2}$ šaukšto laimo sulčių

INSTRUKCIJOS:

a) Žiedinį kopūstą susmulkinkite virtuviniu kombainu, kol jis primins kuskusą.

b) Viską sumaišykite dubenyje, įskaitant alyvuoges ir saulėgrąžų daigus.

c) Apšlakstykite aliejumi ir žiupsneliu kalkių, tada sumaišykite.

49. Kreminiai cukinijų makaronai

Gamina: 2

INGRIDIENTAI:
- 1 uncija daigintų žirnių
- 1 cukinija, pasūdyta

KREMINIS PADAŽAS:
- ½ puodelio pušies riešutų, maltų
- 2 šaukštai alyvuogių aliejaus
- 1 valgomasis šaukštas citrinos sulčių
- 4 šaukštai vandens
- žiupsnelis druskos

INSTRUKCIJOS:
a) Cukinijas sudėkite į dubenį ir pagardinkite druska.
b) Suberkite maltus pušies riešutus.
c) Sumaišykite alyvuogių aliejų, citrinos sultis, vandenį ir žiupsnelį druskos.
d) Maišykite, kol susidarys padažas.
e) Padažą paskirstykite ant cukinijų.
f) Ant viršaus uždėkite žirnių ūglių.

50. Cukinijos su moliūgų pesto

Padaro: 2-3 porcijos

INGRIDIENTAI:
MOLIŪGIŲ PESTO:
- $\frac{1}{2}$ puodelio moliūgų sėklų
- $\frac{3}{8}$ puodelio alyvuogių aliejaus
- 1 valgomasis šaukštas citrinos sulčių
- 1 žiupsnelis druskos
- 1 ryšelis baziliko

PIRKAS:
- 7 juodosios alyvuogės
- 5 vyšniniai pomidorai

INSTRUKCIJOS:
a) Virtuviniu kombainu susmulkinkite moliūgų sėklas į smulkius miltus.
b) Sumaišykite alyvuogių aliejų, citrinos sultis ir druską, kol gerai susimaišys.
c) Įmaišykite baziliko lapelius.
d) Dubenyje sumaišykite cukinijas ir pesto, tada uždėkite alyvuoges ir vyšninius pomidorus.

51. Pilafas su krapais cukinijų

Gamina: 4-6

INGRIDIENTAI:

- $\frac{3}{4}$ puodelio baltųjų basmati ryžių, nuplauti ir perkošti
- $\frac{1}{4}$ puodelio quinoa, nuplauti ir perkošti
- $\frac{1}{2}$ šaukšto smulkiai supjaustyto imbiero
- 2 puodeliai tarkuotų cukinijų
- $\frac{1}{2}$ puodelio kapotų krapų
- 3 šaukštai ekologiško kokosų aliejaus
- 2 puodeliai vandens
- Druska pagal skonį

INSTRUKCIJOS:

a) Ištirpinkite kokosų aliejų ir pakepinkite imbierą 15 sekundžių, kol pasidarys kvapnus.

b) Sudėkite ryžius ir quinoa ir maišykite 1 minutę.

c) Įpilkite vandens, gerai išmaišykite ir leiskite mišiniui užvirti. Suberkite tarkuotas cukinijas ir išmaišykite.

d) Troškinkite uždengę 10–12 minučių.

e) Įpilkite krapų ir druskos pagal skonį, švelniai maišydami šakute.

f) Patiekite šiltą.

52. Kuskuso Cremini Pilaf

Gamina: 2

INGRIDIENTAI:
- 3 šaukštai alyvuogių aliejaus, padalinti
- 14 uncijų cremini grybų, supjaustytų
- 1 nedidelis svogūnas, susmulkintas
- 2 salierų stiebeliai, susmulkinti
- 1 vidutinė morka, susmulkinta
- $\frac{1}{4}$ puodelio baltojo vyno
- 1 valgomasis šaukštas karšto padažo
- $\frac{1}{2}$ arbatinio šaukštelio maltos kalendros
- $\frac{1}{2}$ arbatinio šaukštelio maltų kmynų
- $\frac{1}{2}$ arbatinio šaukštelio svogūnų miltelių
- 1 puodelis sauso kuskuso
- 2 puodeliai daržovių sultinio
- $\frac{1}{2}$ arbatinio šaukštelio druskos
- $\frac{1}{4}$ arbatinio šaukštelio pipirų
- $\frac{3}{4}$ puodelio šaldytų žirnelių
- 1 valgomasis šaukštas šviežių petražolių, kapotų

INSTRUKCIJOS:
a) Didelėje keptuvėje ant vidutinės-stiprios ugnies įkaitinkite 1 valgomąjį šaukštą alyvuogių aliejaus.

b) Sudėkite griežinėliais pjaustytus grybus ir troškinkite, kol jie pradės ruduoti, maždaug 3–5 minutes.

c) Išimkite iš keptuvės ir atidėkite į šalį.

d) Į tą pačią keptuvę įpilkite likusį alyvuogių aliejų, susmulkintą svogūną, salierą ir morką.

e) Kepkite 3–5 minutes, kol svogūnas taps skaidrus, o salierai suminkštės.

f) Įpilkite kalendros, kmynų ir svogūnų miltelių ir įmaišykite baltąjį vyną.

g) Supilkite kuskusą ir daržovių sultinį, pagardinkite druska, pipirais ir gerai išmaišykite.

h) Sumažinkite ugnį ir virkite apie 7 minutes.

i) Įpilkite karšto padažo ir šaldytų žirnelių ir toliau virkite dar 3 minutes.

j) Įmaišykite grybus.

k) Papuoškite šviežiomis petražolėmis ir patiekite šiltą.

53. Gydomasis šparagų rizotas

Gamina: 2

INGRIDIENTAI:
- 1 svogūnas, supjaustytas kubeliais
- 3 skiltelės česnako, supjaustytos kubeliais
- 1 morka, tarkuota
- Daržovių sultinys
- 10 šparagų, nupjautų
- 1 puodelis žirnių, šviežių arba šaldytų
- 250 g arborio ryžių
- 1 valgomasis šaukštas alyvuogių aliejaus
- druskos, pipirų pagal skonį
- šviežios žolelės

INSTRUKCIJOS:
a) Puode užvirkite daržovių sultinį ant silpnos ugnies.
b) Keptuvėje plačiu dugnu ant vidutinės ugnies įkaitinkite šiek tiek alyvuogių aliejaus.
c) Sudėkite į šparagų viršūnes ir lengvai maišydami pakepinkite 2 minutes.
d) Išimkite iš keptuvės, tada į tą pačią keptuvę suberkite pjaustytus svogūnus ir pakepinkite iki auksinės spalvos ir permatomos.
e) Suberkite česnaką ir morkas, patroškinkite minutę ar dvi, tada suberkite ryžius ir šparagų gabaliukus ir gerai išmaišykite.
f) Po minutės ar dviejų supilkite pusę daržovių sultinio ir leiskite ryžiams sugerti skysčius.
g) Nuimkite keptuvės dugną, kad nebūtų likučių, ir gerai išmaišykite ryžius skystyje.
h) Sumažinkite ugnį ir leiskite risotto užvirti ir išvirkite.

i) Kas porą minučių pamaišykite ir, jei reikia, įpilkite daugiau skysčio.

j) Virkite ryžius dar apie 10 minučių, kol ryžiai beveik išvirs, tada įmaišykite žirnelius.

k) Šviežiems žirniams išvirti reikia vos kelių minučių.

l) Šiuo metu jūsų rizotas yra beveik iškepęs.

m) Pagal skonį pagardinkite druska, pipirais ir kapotomis šviežiomis žolelėmis.

n) Patiekite karštą ir užpilkite šparagų viršūnėmis, dar šiek tiek šviežių žolelių ir keliais lašais alyvuogių aliejaus.

54. Bulgur su moliūgų padažu

Padaro: 1 porcija

INGRIDIENTAI:
UŽ BULGURĄ

- 1,5 stiklinės bulguro, mirkyti
- $\frac{1}{4}$ puodelio žaliosios paprikos, supjaustytos plonais kubeliais
- $\frac{1}{4}$ puodelio kapotų salierų lapų

Moliūgų padažui:

- $\frac{1}{2}$ puodelio garuose virto moliūgo
- 3 kupinų arbatinių šaukštelių stambių virtų avižinių dribsnių
- 1 kupinas šaukštas maistinių mielių
- 2 šaukštai kreminio veganiško tahini
- 1,5 šaukšto citrinos sulčių
- $\frac{1}{4}$ arbatinio šaukštelio druskos

INSTRUKCIJOS:

a) Visus padažo ingredientus sudėkite į trintuvą arba virtuvinį kombainą.

b) Į bulgarą įpilkite padažo ir įmaišykite paprikas bei salierų lapus.

c) Ant viršaus užberkite šviežių maltų juodųjų pipirų.

PAGRINDINIS PATIEKAS: ANKŠTĖS IR GRŪDAI

55. Ankštinių augalų gatvės salotos

Padaro: 6 porcijos

INGRIDIENTAI:
- 4 puodeliai virtų pupelių arba lęšių
- 1 raudonasis svogūnas, nuluptas ir supjaustytas kubeliais
- 1 pomidoras, supjaustytas kubeliais
- 1 agurkas, nuluptas ir supjaustytas kubeliais
- 1 daikonas, nuluptas ir sutarkuotas
- 1 žalias tajų, serrano arba kajeno čili, susmulkintas
- $\frac{1}{4}$ puodelio maltos šviežios kalendros, maltos
- 1 citrinos sultys
- 1 arbatinis šaukštelis rupios jūros druskos
- $\frac{1}{2}$ arbatinio šaukštelio juodosios druskos
- $\frac{1}{2}$ arbatinio šaukštelio Chaat Masala
- $\frac{1}{2}$ arbatinio šaukštelio raudonųjų čili miltelių arba kajeno
- 1 arbatinis šaukštelis šviežios baltosios ciberžolės, nuluptos ir sutarkuotos

INSTRUKCIJOS:
a) Giliame dubenyje sumaišykite visus ingredientus.

56. Masala pupelės ir daržovės

Padaro: 5 porcijos

INGRIDIENTAI:
- 1 puodelis Gila Masala
- 1 puodelis pjaustytų daržovių
- 2 tajų, serrano arba kajeno čili, susmulkinti
- 1 arbatinis šaukštelis garam masala
- 1 arbatinis šaukštelis maltos kalendros
- 1 arbatinis šaukštelis skrudintų maltų kmynų
- $\frac{1}{2}$ arbatinio šaukštelio raudonųjų čili miltelių arba kajeno
- $1\frac{1}{2}$ arbatinio šaukštelio rupios jūros druskos
- 2 puodeliai vandens
- 2 puodeliai virtų pupelių
- 1 valgomasis šaukštas smulkintos šviežios kalendros, papuošimui

INSTRUKCIJOS:
a) Šildykite Gila Masala dideliame, sunkiame puode ant vidutinės ugnies, kol pradės burbuliuoti.
b) Įpilkite daržovių, čili, garam masala, kalendros, kmynų, raudonųjų čili miltelių, druskos ir vandens.
c) Virkite 20 minučių arba kol daržovės suminkštės.
d) Sudėkite pupeles.
e) Patiekite papuoštą kalendra.

57. Nesmulkintų pupelių salotos su kokosu

Padaro: 4 porcijos

INGRIDIENTAI:

- 2 šaukštai kokosų aliejaus
- ½ arbatinio šaukštelio asafoetida
- 1 arbatinis šaukštelis juodųjų garstyčių sėklų
- 10–12 kario lapelių, stambiai pjaustytų
- 2 šaukštai susmulkinto nesaldinto kokoso
- 4 puodeliai virtų pupelių
- 1 arbatinis šaukštelis rupios jūros druskos
- 1 tajų, serrano arba kajeno čili,

INSTRUKCIJOS:

a) Gilioje, sunkioje keptuvėje ant vidutinės ugnies įkaitinkite aliejų.

b) Įpilkite asafoetida, garstyčių, kario lapų ir kokoso.

c) Kaitinkite 30 sekundžių arba tol, kol sėklos iššoks.

d) Įpilkite pupelių, druskos ir čili.

e) Patiekite gerai išmaišę.

58. Varškės pupelės arba lęšiai

Padaro: 5 porcijos

INGRIDIENTAI:

- 2 šaukštai aliejaus
- ½ arbatinio šaukštelio asafoetida
- 2 arbatinius šaukštelius kmynų sėklų
- ½ arbatinio šaukštelio ciberžolės miltelių
- 1 cinamono lazdelė
- 1 kasijos lapas
- ½ geltonojo arba raudonojo svogūno, nulupto ir sumalto
- 1 gabalas imbiero šaknis, nuluptas ir sutarkuotas arba sumaltas
- 4 skiltelės česnako, nuluptos ir sutarkuotos arba susmulkintos
- 2 pomidorai, nulupti ir supjaustyti kubeliais
- 2-4 žali tajų, serrano arba kajeno čili, susmulkinti
- 4 puodeliai virtų pupelių arba lęšių
- 4 puodeliai vandens
- 1½ arbatinio šaukštelio rupios jūros druskos
- 1 arbatinis šaukštelis raudonųjų čili miltelių arba kajeno
- 2 šaukštai smulkintos šviežios kalendros, papuošimui

INSTRUKCIJOS:

a) Sunkiame puode ant vidutinės ugnies įkaitinkite aliejų.

b) Sudėkite asafoetidą, kmynus, ciberžolę, cinamoną ir kasijos lapą ir virkite 30 sekundžių arba tol, kol sėklos sušnypš.

c) Sudėkite svogūną ir kepkite 3 minutes arba kol šiek tiek apskrus.

d) Įdėkite imbiero šaknį ir česnaką.

e) Virkite dar 2 minutes.

f) Sudėkite pomidorus ir žalius čili.

g) Troškinkite 5 minutes arba tol, kol pomidorai suminkštės.

h) Sudėjus pupeles ar lęšius, pavirti dar 2 minutes.

i) Įpilkite vandens, druskos ir raudonųjų čili miltelių.

j) Vandenį užvirinkite.

k) Troškinkite 10–15 minučių.

l) Patiekite papuoštą kalendra.

59. Lęšiai su kario lapeliais

Padaro: 6 porcijos

INGRIDIENTAI:

- 2 šaukštai kokosų aliejaus
- $\frac{1}{2}$ arbatinio šaukštelio asafoetida miltelių
- $\frac{1}{2}$ arbatinio šaukštelio ciberžolės miltelių
- 1 arbatinis šaukštelis kmynų sėklų
- 1 arbatinis šaukštelis juodųjų garstyčių sėklų
- 20 šviežių kario lapelių, stambiai pjaustytų
- 6 sveiki džiovinti raudonieji čili pipirai, stambiai supjaustyti
- $\frac{1}{2}$ geltonojo arba raudonojo svogūno, nulupto ir supjaustyto kubeliais
- 14 uncijų skardinė kokosų pieno, lengvo arba riebaus
- 1 puodelis vandens
- 1 arbatinis šaukštelis Rasam miltelių arba Sambhar Masala
- 1$\frac{1}{2}$ arbatinio šaukštelio rupios jūros druskos
- 1 arbatinis šaukštelis raudonųjų čili miltelių arba kajeno
- 3 puodeliai virtų lęšių
- 1 valgomasis šaukštas smulkintos šviežios kalendros, papuošimui

INSTRUKCIJOS:

a) Įkaitinkite aliejų ant vidutinės ugnies.

b) Įpilkite asafoetida, ciberžolės, kmynų, garstyčių, kario lapų ir raudonųjų čili pipirų.

c) Virkite 30 sekundžių arba tol, kol sėklos sušnypš.

d) Įmaišykite svogūną.

e) Virkite apie 2 minutes, dažnai maišydami, kad nesuliptų.

f) Įpilkite kokosų pieno, vandens, Rasamo miltelių arba Sambhar Masala, druskos ir raudonųjų čili miltelių.

g) Užvirinkite, tada virkite 2 minutes arba tol, kol pienas įsiskverbs į skonį.

h) Sudėkite lęšius.

i) Troškinkite 4 minutes.

j) Patiekite papuoštą kalendra.

60. Goan Lentil Coconut Curry

Padaro: 6 porcijos

INGRIDIENTAI:

- 1 valgomasis šaukštas aliejaus
- ½ svogūno, nulupto ir supjaustyto kubeliais
- 1 gabalas imbiero šaknis, nuluptas ir sutarkuotas arba sumaltas
- 4 skiltelės česnako, nuluptos ir sutarkuotos arba susmulkintos
- 1 pomidoras, supjaustytas kubeliais
- 2 žali tajų, serrano arba kajeno čili, susmulkinti
- 1 valgomasis šaukštas maltos kalendros
- 1 valgomasis šaukštas maltų kmynų
- 1 arbatinis šaukštelis ciberžolės miltelių
- 1 arbatinis šaukštelis tamarindo pastos
- 1 arbatinis šaukštelis juodojo arba rudojo cukraus
- 1½ arbatinio šaukštelio rupios jūros druskos
- 3 puodeliai vandens
- 4 puodeliai virtų sveikų lęšių
- 1 puodelis kokosų pieno, įprasto arba lengvo
- ½ citrinos sultys
- 1 valgomasis šaukštas smulkintos šviežios kalendros, papuošimui

INSTRUKCIJOS:

a) Dideliame, sunkiame puode ant vidutinės ugnies įkaitinkite aliejų.

b) Sudėkite svogūną ir kepkite 2 minutes arba kol svogūnas šiek tiek apskrus.

c) Įdėkite imbiero šaknį ir česnaką.

d) Virkite dar vieną minutę.

e) Įpilkite pomidorų, čili, kalendros, kmynų, ciberžolės, tamarindų, jaggerio, druskos ir vandens.

f) Užvirinkite, tada sumažinkite ugnį ir uždenkite 15 minučių.

g) Įpilkite lęšių ir kokosų pieno.

h) Įpilkite citrinos sulčių ir kalendros pagal skonį.

61. Chana Masala ankštiniai augalai

Padaro: 6 porcijos

INGRIDIENTAI:

- 2 šaukštai aliejaus
- 1 arbatinis šaukštelis kmynų sėklų
- ½ arbatinio šaukštelio ciberžolės miltelių
- 2 šaukštai Chana Masala
- 1 geltonas arba raudonas svogūnas, nuluptas ir supjaustytas kubeliais
- 1 gabalėlis imbiero šaknies, nuluptas ir sutarkuotas arba sumaltas
- 4 skiltelės česnako, nuluptos ir sutarkuotos arba susmulkintos
- 2 pomidorai, supjaustyti kubeliais
- 2 žali tajų, serrano arba kajeno čili, susmulkinti
- 1 arbatinis šaukštelis raudonųjų čili miltelių arba kajeno
- 1 valgomasis šaukštas rupios jūros druskos
- 1 puodelis vandens
- 4 puodeliai virtų pupelių arba lęšių

INSTRUKCIJOS:

a) Gilioje, sunkioje keptuvėje ant vidutinės ugnies įkaitinkite aliejų.

b) Suberkite kmynus, ciberžolę ir Chana Masala ir virkite 30 sekundžių arba tol, kol sėklos sušnypš.

c) Sudėkite svogūną ir kepkite apie minutę arba kol suminkštės.

d) Įdėkite imbiero šaknį ir česnaką.

e) Virkite dar vieną minutę.

f) Įpilkite pomidorų, žaliųjų čili, raudonųjų čili miltelių, druskos ir vandens.

g) Užvirinkite, tada virkite 10 minučių arba tol, kol visi ingredientai susimaišys.

h) Virkite pupeles arba lęšius, kol suminkštės.

62. Lėtai virtos pupelės ir lęšiai

Gamina: 8

INGRIDIENTAI:

- 2 puodeliai džiovintų lima pupelių, nuskintų ir nuplautų
- ½ geltonojo arba raudonojo svogūno, nulupto ir stambiai supjaustyto
- 1 pomidoras, supjaustytas kubeliais
- 1 gabalėlis imbiero šaknies, nuluptas ir sutarkuotas arba sumaltas
- 2 skiltelės česnako, nuluptos ir sutarkuotos arba susmulkintos
- 2 žali tajų, serrano arba kajeno čili, susmulkinti
- 3 sveiki gvazdikėliai
- 1 arbatinis šaukštelis kmynų sėklų
- 1 arbatinis šaukštelis raudonųjų čili miltelių arba kajeno
- šaukštelis rupios jūros druskos
- ½ arbatinio šaukštelio ciberžolės miltelių
- ½ arbatinio šaukštelio garam masala
- 7 puodeliai vandens
- ¼ puodelio susmulkintos šviežios kalendros

INSTRUKCIJOS:

a) Lėtoje viryklėje sumaišykite visus ingredientus, išskyrus kalendrą.

b) Virkite aukštoje temperatūroje 7 valandas arba tol, kol pupelės suirs ir taps kreminės.

c) Išimkite gvazdikėlius.

d) Papuoškite šviežia kalendra.

63. Chana ir Split Moong Dal su pipirų dribsniais

Padaro: 8 porcijos

INGRIDIENTAI:
- 1 puodelis padalintas gramas, nuimtas ir išplautas
- 1 puodelis džiovintų susmulkintų žalių lęšių su oda, nuskintų ir nuplautų
- ½ geltonojo arba raudonojo svogūno, nulupto ir supjaustyto kubeliais
- 1 gabalas imbiero šaknis, nuluptas ir sutarkuotas arba sumaltas
- 4 skiltelės česnako, nuluptos ir sutarkuotos arba susmulkintos
- 1 pomidoras, nuluptas ir supjaustytas kubeliais
- 2 žali tajų, serrano arba kajeno čili, susmulkinti
- 1 valgomasis šaukštas plius 1 arbatinis šaukštelis kmynų sėklų, padalintas
- 1 arbatinis šaukštelis ciberžolės miltelių
- 2 arbatiniai šaukšteliai rupios jūros druskos
- 1 arbatinis šaukštelis raudonųjų čili miltelių arba kajeno
- 6 puodeliai vandens
- 2 šaukštai aliejaus
- 1 arbatinis šaukštelis raudonųjų pipirų dribsnių
- 2 šaukštai maltos šviežios kalendros

INSTRUKCIJOS:

a) Lėtoje viryklėje sumaišykite padalintą gramą, žaliuosius lęšius, svogūną, imbiero šaknį, česnaką, pomidorą, čili, 1 šaukštą kmynų, ciberžolę, druską, raudonųjų čili miltelius ir vandenį.

b) Virkite 5 valandas aukštoje temperatūroje.

c) Kepimo laikui einant į pabaigą, seklioje keptuvėje ant vidutinės ugnies įkaitinkite aliejų.

d) Įmaišykite likusius 1 arbatinį šaukštelį kmynų.

e) Kai aliejus įkaista, sudėkite raudonųjų pipirų dribsnius.

f) Virkite ne ilgiau kaip 30 sekundžių.

g) Išmeskite lęšius su šiuo mišiniu ir kalendra.

h) Patiekite kaip sriubą.

64. Rudieji ryžiai ir Adzuki pupelės Dhokla

Padaro: 2 dešimtys kvadratų

INGRIDIENTAI

- ½ puodelio rudųjų basmati ryžių nuplauti ir išmirkyti
- ½ puodelio baltųjų basmati ryžių nuplauti ir išmirkyti
- ½ puodelio nesmulkintų adzuki pupelių su oda nuimta, nuplaunama ir išmirkyta
- 2 šaukštai padalintas gramas, mirkyti
- ¼ arbatinio šaukštelio ožragės sėklų, išmirkytų
- ½ 12 uncijų pakuotės minkšto šilkinio tofu
- 1 citrinos sultys
- 1 arbatinis šaukštelis rupios jūros druskos
- 1 puodelis vandens
- ½ arbatinio šaukštelio eno arba kepimo sodos
- ½ arbatinio šaukštelio raudonųjų čili miltelių, kajeno arba paprikos
- 1 valgomasis šaukštas aliejaus
- 1 arbatinis šaukštelis rudųjų arba juodųjų garstyčių sėklų
- 15–20 kario lapelių, grubiai pjaustytų
- 2 žali tailandietiški, serrano arba kajeno čili, nuimti stiebai, supjaustyti išilgai

INSTRUKCIJOS:

a) Sumaišykite ryžių ir lęšių mišinį, tofu, citrinos sultis, druską ir vandenį maišytuve iki vientisos masės.

b) Supilkite mišinį į didelį maišymo dubenį.

c) Tešlą atidėkite 3 valandoms.

d) Didelėje, kvadratinėje keptuvėje įkaitinkite aliejų.

e) Pabarstykite eno arba kepimo soda ant dugno ir švelniai pamaišykite 2 ar 3 kartus.

f) Paruoštoje keptuvėje tolygiai paskirstykite tešlą.

g) Dvigubame katile, pakankamai dideliame, kad tilptų jūsų kvadratinė keptuvė, užvirinkite šiek tiek vandens.

h) Švelniai įdėkite kvadratinę keptuvę į viršutinę dvigubo katilo dalį.

i) Garinkite 15 minučių, uždengę.

j) Nuimkite kvadratinę keptuvę nuo dvigubo katilo.

k) Dhoklas supjaustykite kvadratėliais ir išdėliokite ant lėkštės piramidės pavidalu.

l) Pabarstykite raudonąja čile, kajeno pipirais arba paprika.

m) Keptuvėje ant vidutinės ugnies įkaitinkite šiek tiek aliejaus

n) Įmaišykite garstyčių sėklas.

o) Įdėkite kario lapus ir čili, kai tik jie pradės pūsti.

p) Šį mišinį tolygiai užpilkite ant dhokla.

q) Nedelsdami patiekite su mėtomis, kalendra arba kokoso čatniu ant šono.

65. Mung pupelės ir ryžiai su daržovėmis

Padaro: 4 porcijos

INGRIDIENTAI:

- $4\frac{1}{2}$ stiklinės vandens
- $\frac{1}{2}$ puodelio nesmulkintų mung pupelių, nuplautų
- $\frac{1}{2}$ puodelio basmati ryžių, nuplauti
- 1 svogūnas, susmulkintas ir 3 skiltelės česnako, susmulkintas
- $\frac{3}{4}$ puodelio smulkiai susmulkinto imbiero šaknies
- 3 puodeliai pjaustytų daržovių
- 2 šaukštai žemės riešutų aliejaus
- $\frac{3}{4}$ šaukšto ciberžolės
- $\frac{1}{4}$ arbatinio šaukštelio džiovintų susmulkintų raudonųjų čili pipirų
- $\frac{1}{4}$ arbatinio šaukštelio maltų juodųjų pipirų
- $\frac{1}{2}$ arbatinio šaukštelio kalendros
- $\frac{1}{2}$ arbatinio šaukštelio kmynų
- $\frac{1}{2}$ arbatinio šaukštelio druskos

INSTRUKCIJOS:

a) Mung pupeles virkite verdančiame vandenyje, kol pradės skilti.

b) Sudėję ryžius, retkarčiais pamaišydami, virkite dar 15 minučių.

c) Sudėkite daržoves.

d) Keptuvėje įkaitinkite žemės riešutų aliejų ir pakepinkite svogūnus, česnaką ir imbierą iki skaidrumo.

e) Suberkite prieskonius ir nuolat maišydami kepkite 5 minutes.

f) Sumaišykite su virtais ryžiais ir pupelėmis.

66. Maišydami pakepinkite daržoves

Padaro: 4 porcijos

INGRIDIENTAI:
- 3 puodeliai pjaustytų daržovių
- 2 arbatinius šaukštelius tarkuoto imbiero
- 1 arbatinis šaukštelis aliejaus
- $\frac{1}{4}$ arbatinio šaukštelio asafoetida
- 1 valgomasis šaukštas sojų padažo
- Šviežios žolelės

INSTRUKCIJOS:
a) Keptuvėje įkaitinkite aliejų.
b) 30 sekundžių įmaišykite asafoetidą ir imbierą.
c) Sudėkite daržoves ir pakepinkite minutę, tada įpilkite šlakelį vandens, uždenkite ir virkite.
d) Įpilkite sojos padažo, cukraus ir druskos.
e) Virkite, uždengę, kol beveik iškeps.
f) Nuimkite dangtį ir toliau kepkite keletą minučių.
g) Įdėkite šviežių žolelių.

67. Ispaniški avinžirniai ir makaronai

Gamina: 4

INGRIDIENTAI:
- 2 šaukštai alyvuogių aliejaus
- 2 skiltelės česnako, susmulkintos
- ½ valgomojo šaukšto rūkytos paprikos
- 1 valgomasis šaukštas maltų kmynų
- ½ šaukštelio džiovinto raudonėlio
- ¼ šaukštelio kajeno pipirų
- Šviežiai malti juodieji pipirai
- 1 geltonasis svogūnas
- 2 puodeliai nevirtų veganiškų makaronų be glitimo
- 15 uncijų skardinė pjaustytų pomidorų
- 15 uncijų skardinė artišokų širdelių
- 19 uncijų skardinės avinžirniai
- 1,5 stiklinės daržovių sultinio
- ½ valgomojo šaukšto druskos
- ¼ ryšulio šviežių petražolių, susmulkintų
- 1 šviežia citrina

INSTRUKCIJOS:
a) Įdėkite česnaką į didelę keptuvę su alyvuogių aliejumi.
b) Troškinkite 2 minutes arba tol, kol daržovės taps minkštos ir kvapnios.
c) Į keptuvę suberkite rūkytą papriką, kmynus, raudonėlį, kajeno pipirus ir šviežiai maltus juoduosius pipirus.
d) Įkaitintame aliejuje dar minutę maišykite prieskonius.
e) Į keptuvę sudėkite svogūną, supjaustytą kubeliais.
f) Kepkite, kol svogūnas taps minkštas ir skaidrus.
g) Sudėkite makaronus ir virkite dar 2 minutes.

h) Avinžirnius ir artišokų širdeles nusausinkite prieš supildami į keptuvę su kubeliais pjaustytais pomidorais, daržovių sultiniu ir puse arbatinio šaukštelio druskos.

i) Į keptuvę įpilkite petražolių, šiek tiek pasilikite pabarstyti gatavą patiekalą.

j) Sumaišykite visus ingredientus keptuvėje, kol tolygiai susimaišys.

k) Užvirinkite, tada sumažinkite iki mažos ugnies 20 minučių.

l) Nuimkite dangtį, šakute supurtykite ir papuoškite likusiomis kapotomis petražolėmis.

m) Citriną supjaustykite griežinėliais ir kiekvieną porciją išspauskite sultis.

68. Makaronai be kupolo

Padaro: 4 porcijos

INGRIDIENTAI:

- 8 uncijos grikių makaronų
- 14 uncijų skardinė artišokų širdelių, susmulkinta
- 1 sauja šviežių mėtų, sumaltų
- $\frac{1}{2}$ puodelio susmulkinto žalio svogūno
- 2 šaukštai saulėgrąžų
- 4 šaukštai aukščiausios kokybės pirmojo spaudimo alyvuogių aliejaus

INSTRUKCIJOS:

a) Užvirkite puodą vandens.
b) Virkite makaronus nuo 8 iki 12 minučių, priklausomai nuo pakuotės nurodymų.
c) Kai makaronai iškeps, nusausinkite ir sudėkite į dubenį.
d) Dubenyje sumaišykite artišokus, mėtas, žaliuosius svogūnus ir saulėgrąžas.
e) Apšlakstykite alyvuogių aliejumi ir sumaišykite.

69. <u>Rudųjų ryžių rizotas</u>

Padaro: 4 porcijos

INGRIDIENTAI:

- 1 valgomasis šaukštas aukščiausios kokybės pirmojo spaudimo alyvuogių aliejaus
- 2 skiltelės česnako, susmulkintos
- 1 pomidoras, susmulkintas
- 3 saujos kūdikių špinatų
- 1 puodelis grybų, pjaustytų
- 2 puodeliai brokolių žiedynų
- Druska ir pipirai, pagal skonį
- 2 puodeliai virtų rudųjų ryžių
- Žiupsnelis šafrano

TARNAUTI

- Tarkuoto parmezano
- Raudoni čili dribsniai

INSTRUKCIJOS:

a) Keptuvėje ant vidutinės ugnies įkaitinkite aliejų.

b) Troškinkite česnaką, kol jis pradės tapti auksinės spalvos.

c) Sumaišykite pomidorus, špinatus, grybus ir brokolius kartu su druska ir pipirais; virkite, kol daržovės suminkštės.

d) Įmaišykite ryžius ir šafraną, kad daržovių sultys įsigertų į ryžius.

e) Patiekite šiltą arba šaltą, su parmezanu ir raudonųjų pipirų dribsniais.

70. Quinoa Tabbouleh

Padaro: 2 porcijos

INGRIDIENTAI:

- $\frac{1}{2}$ puodelio virtos quinoa
- 2 kekės petražolių, smulkiai pjaustytų
- $\frac{1}{2}$ balto svogūno, supjaustyto kubeliais
- 1 pomidoras, supjaustytas kubeliais
- 1 valgomasis šaukštas aukščiausios kokybės pirmojo spaudimo alyvuogių aliejaus
- 1 citrinos sultys

INSTRUKCIJOS:

a) Dubenyje sumaišykite quinoa, petražoles, svogūnus ir pomidorus.

b) Suknelė su alyvuogių aliejumi ir citrinos sultimis.

c) Išmaišykite ir mėgaukitės.

71. Soros, ryžiai ir granatai

Padaro: 2 porcijos

INGRIDIENTAI:

- 2 puodeliai plono pohe
- 1 puodelis pūstų sorų arba ryžių
- 1 puodelis veganiškų pasukų
- $\frac{1}{2}$ puodelio granatų gabalėlių
- 5-6 kario lapeliai
- $\frac{1}{2}$ arbatinio šaukštelio garstyčių sėklų
- $\frac{1}{2}$ arbatinio šaukštelio kmynų sėklų
- $\frac{1}{8}$ arbatinio šaukštelio asafoetida
- 5 arbatiniai šaukšteliai aliejaus
- Cukrus pagal skonį
- Druska pagal skonį
- Šviežias arba džiovintas kokosas – susmulkintas
- Švieži kalendros lapai

INSTRUKCIJOS:

a) Įkaitinkite aliejų ir tada suberkite garstyčių sėklas.

b) Suberkite kmynų sėklas, asafoetidą ir kario lapus, kai jie iššoks.

c) Įdėkite pohe į dubenį.

d) Sumaišykite aliejaus prieskonių mišinį, cukrų ir druską.

e) Kai pohe atvės, sumaišykite jį su jogurtu, kalendra ir kokosu.

f) Patiekite papuošę kalendromis ir kokosu.

PAGRINDINIS PATIEKAS: KARIJAS

72. Moliūgų karis su aštriomis sėklomis

Padaro: 4 porcijos

INGRIDIENTAI:

- 3 puodeliai moliūgo - supjaustyti gabalėliais
- $\frac{1}{4}$ šaukštų ožragės sėklų
- $\frac{1}{4}$ valgomojo šaukšto pankolio sėklų
- 2 šaukštai aliejaus
- Žiupsnelis asafoetida
- 5-6 kario lapeliai
- $\frac{1}{2}$ valgomojo šaukšto tarkuoto imbiero
- Švieži kalendros lapai
- 1 valgomasis šaukštas tamarindo pastos
- $\frac{1}{2}$ valgomojo šaukšto garstyčių sėklų
- $\frac{1}{2}$ valgomojo šaukšto kmynų sėklų
- 2 valgomieji šaukštai-sauso, malto kokoso
- 2 valgomieji šaukštai skrudintų maltų žemės riešutų
- Druska ir rudasis cukrus arba drožlės pagal skonį

INSTRUKCIJOS:

a) Nedideliame puode įkaitinkite aliejų ir suberkite garstyčių sėklas.

b) Įpilkite kmynų, ožragės, asafoetidos, imbiero, kario lapelių ir pankolių, kai jie iššoks.

c) Troškinkite 30 sekundžių.

d) Įpilkite moliūgų ir druskos.

e) Supilkite tamarindo pastą arba vandenį, kuriame yra minkštimo.

f) Įpilkite juodojo cukraus ir rudojo cukraus.

g) Sumaišykite sumaltus kokoso ir žemės riešutų miltelius.

h) Virkite kelias minutes ilgiau.

i) Papuoškite kalendra.

73. <u>Okra Curry</u>

Padaro: 4 porcijos

INGRIDIENTAI:
- 2 puodeliai okra, supjaustyti vieno cm gabalėliais
- 2 valgomieji šaukštai tarkuoto imbiero
- 1 valgomasis šaukštas garstyčių sėklų
- ½ valgomojo šaukšto kmynų sėklų
- 2 šaukštai aliejaus
- Druska pagal skonį
- Žiupsnelis asafoetida
- 2-3 valgomieji šaukštai skrudintų žemės riešutų miltelių
- Kalendros lapai

INSTRUKCIJOS:
a) Nedideliame puode įkaitinkite aliejų ir suberkite garstyčių sėklas.
b) Kai jie pradės pūsti, suberkite kmynus, asafoetidą ir imbierą.
c) Įmaišykite okra ir druską, kol ji suminkštės.
d) Įdėjus žemės riešutų miltelių, virkite dar 30 sekundžių.
e) Prieš patiekdami papuoškite kalendros lapeliais.

74. Daržovių kokosų karis

Padaro: 4 porcijos

INGRIDIENTAI:

- 2 dydžių bulvės, supjaustytos kubeliais
- 1½ stiklinės žiedinių kopūstų, supjaustytų žiedynais
- 3 gabalėliais supjaustyti pomidorai
- 1 valgomasis šaukštas aliejaus
- 1 valgomasis šaukštas garstyčių sėklų
- 1 valgomasis šaukštas kmynų sėklų
- 5-6 kario lapeliai
- Žiupsnelis ciberžolės
- 1 valgomasis šaukštas tarkuoto imbiero
- Švieži kalendros lapai
- Druska pagal skonį
- Šviežias arba džiovintas kokosas – susmulkintas

INSTRUKCIJOS:

a) Įkaitinkite aliejų ir įmaišykite garstyčių sėklas.

b) Suberkite likusius prieskonius ir virkite 30 sekundžių.

c) Įpilkite žiedinių kopūstų, pomidorų ir bulvių kartu su trupučiu vandens, uždenkite ir troškinkite, kol suminkštės, retkarčiais pamaišydami.

d) Sumaišykite kokosą, druską ir kalendros lapelius.

75. Pagrindinis daržovių karis

Padaro: 4 porcijos

INGRIDIENTAI:
- 250 g daržovių, susmulkintų
- 1 arbatinis šaukštelis aliejaus
- $\frac{1}{2}$ arbatinio šaukštelio garstyčių sėklų
- $\frac{1}{2}$ arbatinio šaukštelio kmynų sėklų
- Žiupsnelis asafoetida
- 4-5 kario lapeliai
- $\frac{1}{4}$ arbatinio šaukštelio ciberžolės
- $\frac{1}{2}$ arbatinio šaukštelio kalendros miltelių
- Žiupsnelis čili miltelių
- Tarkuoto imbiero
- Švieži kalendros lapai
- Cukrus / drožlės ir druska pagal skonį
- Šviežias arba džiovintas kokosas

INSTRUKCIJOS:
a) Įkaitinkite aliejų ir įmaišykite garstyčių sėklas.

b) Suberkite kmynus, imbierą ir likusius prieskonius, kai jie supūs.

c) Sudėkite daržoves ir kepkite, kol suminkštės.

d) Įpilkite šiek tiek vandens, uždenkite puodą ir troškinkite.

e) Daržovėms išvirus įpilkite cukraus, druskos, kokoso ir kalendros.

76. <u>Black Eye Bean ir kokoso karis</u>

Padaro: 4 porcijos

INGRIDIENTAI:
- ½ puodelio juodųjų pupelių, mirkyti per naktį
- 2 puodeliai vandens
- 1 valgomasis šaukštas aliejaus
- 1 valgomasis šaukštas garstyčių sėklų
- 1 valgomasis šaukštas kmynų sėklų
- 1 valgomasis šaukštas asafoetida
- 1 valgomasis šaukštas tarkuoto imbiero
- 5-6 kario lapeliai
- 1 valgomasis šaukštas ciberžolės
- 1 valgomasis šaukštas kalendros miltelių
- 2 pomidorai, supjaustyti
- 2 valgomieji šaukštai skrudintų žemės riešutų miltelių
- Švieži kalendros lapai
- Šviežias kokosas, tarkuotas
- Cukrus ir druska pagal skonį

INSTRUKCIJOS:
a) Pupeles išvirkite greitpuodyje arba puode ant viryklės.
b) Nedideliame puode įkaitinkite aliejų ir suberkite garstyčių sėklas.
c) Suberkite kmynų sėklas, asafoetidą, imbierą, kario lapus, ciberžolę ir kalendros miltelius, kai jie susprogs.
d) Sumaišykite skrudintus žemės riešutų miltelius ir pomidorus.
e) Įpilkite pupelių ir vandens.
f) Retkarčiais maišykite, kol maistas visiškai iškeps.
g) Pagardinkite cukrumi ir druska, o ant viršaus uždėkite kalendros lapelių ir kokoso.

77. Žiedinių kopūstų kokosų karis

Padaro: 4 porcijos

INGRIDIENTAI:
- 3 stiklinės žiedinių kopūstų – supjaustyti žiedynais
- 2 pomidorai-susmulkinti
- 1 arbatinis šaukštelis aliejaus
- 1 arbatinis šaukštelis garstyčių sėklų
- 1 arbatinis šaukštelis kmynų sėklų
- Žiupsnelis ciberžolės
- 1 arbatinis šaukštelis tarkuoto imbiero
- Švieži kalendros lapai
- Druska pagal skonį
- Šviežias arba džiovintas kokosas-susmulkinti

INSTRUKCIJOS:
a) Įkaitinkite aliejų ir įmaišykite garstyčių sėklas.

b) Suberkite likusius prieskonius ir virkite 30 sekundžių.

c) Sudėkite pomidorus ir kepkite 5 minutes.

d) Įpilkite žiedinių kopūstų ir šiek tiek vandens, uždenkite ir virkite, retkarčiais pamaišydami, kol suminkštės.

e) Įpilkite kokoso, druskos ir kalendros lapelių.

78. Žiedinių kopūstų ir bulvių karis

Padaro: 4 porcijos

INGRIDIENTAI:
- 2 stiklinės žiedinių kopūstų, supjaustytų žiedeliais
- 2 dydžių bulvės, supjaustytos kubeliais
- 1 arbatinis šaukštelis aliejaus
- 1 arbatinis šaukštelis garstyčių sėklų
- 1 arbatinis šaukštelis kmynų sėklų
- 5-6 kario lapeliai
- Žiupsnelis ciberžolės
- 1 arbatinis šaukštelis tarkuoto imbiero
- Švieži kalendros lapai
- Druska pagal skonį
- Šviežias arba džiovintas kokosas – susmulkintas
- Citrinų sultys - pagal skonį

INSTRUKCIJOS:
a) Įkaitinkite aliejų ir įmaišykite garstyčių sėklas.
b) Suberkite likusius prieskonius ir virkite 30 sekundžių.
c) Įpilkite žiedinių kopūstų ir bulvių kartu su trupučiu vandens, uždenkite ir troškinkite, kol beveik iškeps, retkarčiais pamaišydami.
d) Atidenkite ir virkite, kol daržovės suminkštės ir išgaruos vanduo.
e) Įmaišykite kokosą, druską, kalendros lapus ir citrinos sultis.

79. Bulvių, žiedinių kopūstų ir pomidorų karis

Padaro: 3-4 porcijos

INGRIDIENTAI:
- 2 bulvės, kubeliais
- 1½ stiklinės žiedinių kopūstų, supjaustytų žiedynais
- 3 pomidorai, supjaustyti gabalėliais
- 1 arbatinis šaukštelis aliejaus
- 1 arbatinis šaukštelis garstyčių sėklų
- 1 arbatinis šaukštelis kmynų sėklų
- 6 kario lapeliai
- Žiupsnelis ciberžolės
- 1 arbatinis šaukštelis tarkuoto imbiero
- Švieži kalendros lapai
- Druska pagal skonį
- Šviežias arba džiovintas kokosas – susmulkintas

INSTRUKCIJOS:
a) Įkaitinkite aliejų ir įmaišykite garstyčių sėklas.
b) Suberkite likusius prieskonius ir virkite 30 sekundžių.
c) Troškinkite, retkarčiais pamaišydami.
d) Įpilkite žiedinių kopūstų, pomidorų, bulvių ir vandens.
e) Užbaikite kokosu, druska ir kalendros lapeliais.

80. Sumaišytas daržovių ir lęšių karis

Padaro: 4 porcijos

INGRIDIENTAI:
- ¼ puodelio toor arba mung dal
- ½ stiklinės daržovių – griežinėliais
- 1 puodelis vandens
- 2 arbatiniai šaukšteliai aliejaus
- ½ arbatinio šaukštelio kmynų sėklų
- ½ arbatinio šaukštelio tarkuoto imbiero
- 5-6 kario lapeliai
- 2 pomidorai-susmulkinti
- Citrina arba tamarindas pagal skonį
- Jaggery pagal skonį
- ½ druskos arba pagal skonį
- Sambhar masala
- Kalendros lapai
- Šviežias arba džiovintas kokosas

INSTRUKCIJOS:
a) Greitpuodyje kepkite toor dal ir daržoves 20 minučių.
b) Atskiroje keptuvėje įkaitinkite aliejų ir suberkite kmynų sėklas, imbierą ir kario lapelius.
c) Sudėjus pomidorus, kepkite 34 minutes.
d) Įpilkite sambhar masala ir daržovių dal mišinių.
e) Minutę pavirinkite, tada suberkite tamarindą arba citriną, drožles ir druską.
f) Virkite dar 23 minutes.
g) Papuoškite kokosu ir kalendra.

81. Pomidory karis

Padaro: 4 porcijos

INGRIDIENTAI:
- 250 g pomidorų, supjaustytų
- 1 arbatinis šaukštelis aliejaus
- ½ arbatinio šaukštelio garstyčių sėklų
- ½ arbatinio šaukštelio kmynų sėklų
- 4-5 kario lapeliai
- Žiupsnelis ciberžolės
- Žiupsnelis asafoetida
- 1 arbatinis šaukštelis tarkuoto imbiero
- 1 bulvė – virta ir sutrinta
- 1-2 šaukštai skrudintų žemės riešutų miltelių
- 1 valgomasis šaukštas sauso kokoso
- Cukrus ir druska pagal skonį
- Kalendros lapai

INSTRUKCIJOS:
a) Nedideliame puode įkaitinkite aliejų ir suberkite garstyčių sėklas.
b) Sudėkite kmynus, kario lapus, ciberžolę, asafoetidą ir imbierą.
c) Sudėkite pomidorą ir retkarčiais pamaišykite, kol iškeps.
d) Įpilkite bulvių košės, skrudintų žemės riešutų miltelių, cukraus, druskos ir kokoso.
e) Virkite dar 1 minutę.
f) Papuoškite šviežiais kalendros lapeliais ir patiekite.

82. Baltojo moliūgo karis

Padaro: 4 porcijos

INGRIDIENTAI:
- 250 gramų baltojo moliūgo
- 1 arbatinis šaukštelis aliejaus
- ½ arbatinio šaukštelio garstyčių sėklų
- ½ arbatinio šaukštelio kmynų sėklų
- 4-5 kario lapeliai
- Žiupsnelis ciberžolės
- Žiupsnelis asafoetida
- 1 arbatinis šaukštelis tarkuoto imbiero
- 1-2 šaukštai skrudintų žemės riešutų miltelių
- Rudojo cukraus ir druskos pagal skonį

INSTRUKCIJOS:
a) Nedideliame puode įkaitinkite aliejų ir suberkite garstyčių sėklas.
b) Sudėkite kmynus, kario lapus, ciberžolę, asafoetidą ir imbierą.
c) Įpilkite baltojo moliūgo ir šiek tiek vandens, uždenkite ir virkite, retkarčiais pamaišydami, kol moliūgas suminkštės.
d) Virkite dar minutę, įdėję skrudintų žemės riešutų miltelių, cukraus ir druskos.

83. Sūdytas žieminis melionas

Padaro: 3 porcijos

INGRIDIENTAI:

- 2 šaukštai aliejaus
- ½ arbatinio šaukštelio asafoetida
- 1 arbatinis šaukštelis kmynų sėklų
- ½ arbatinio šaukštelio ciberžolės miltelių
- 1 žieminis melionas, odelė palikta, supjaustyta kubeliais
- 1 pomidoras, supjaustytas kubeliais

INSTRUKCIJOS:

a) Gilioje, sunkioje keptuvėje ant vidutinės ugnies įkaitinkite aliejų.

b) Sudėkite asafoetidą, kmynus ir ciberžolę ir virkite 30 sekundžių arba tol, kol sėklos sušnypš.

c) Įdėkite žieminį melioną.

d) Sudėkite pomidorą ir troškinkite 15 minučių.

e) Nuimkite keptuvę nuo ugnies.

f) Sureguliuokite dangtį, kad jis visiškai uždengtų keptuvę, ir atidėkite 10 minučių.

84. Viryklė, Sambhar įkvėptas karis

Gamina: 9

INGRIDIENTAI:

- 2 puodeliai virtų pupelių arba lęšių
- 9 puodeliai vandens
- 1 bulvė, nulupta ir supjaustyta kubeliais
- 1 arbatinis šaukštelis tamarindo pastos
- 5 puodeliai daržovių, supjaustytų kubeliais ir susmulkintų
- 2 šaukštai Sambhar Masala
- 1 valgomasis šaukštas aliejaus
- 1 arbatinis šaukštelis asafoetida miltelių
- 1 valgomasis šaukštas juodųjų garstyčių sėklų
- 5-8 sveiki džiovinti raudonieji čili pipirai, grubiai supjaustyti
- 8-10 šviežių kario lapelių, stambiai pjaustytų
- 1 arbatinis šaukštelis raudonųjų čili miltelių arba kajeno
- 1 valgomasis šaukštas rupios jūros druskos

INSTRUKCIJOS:

a) Puode ant vidutinės ugnies sumaišykite pupeles arba lęšius, vandenį, bulves, tamarindą, daržoves ir Sambhar Masala.

b) Užvirinkite.

c) Troškinkite 15 minučių arba tol, kol daržovės suminkštės ir suminkštės.

d) Keptuvėje ant vidutinės ugnies įkaitinkite aliejų.

e) Sudėkite asafoetidą ir garstyčių sėklas.

f) Kai tik sėklos pradeda pūsti, suberkite raudonuosius čili ir kario lapelius.

g) Virkite dar 2 minutes, dažnai maišydami.

h) Kai kario lapai pradės ruduoti ir susiraityti, suberkite juos į lęšius.

i) Virkite dar 5 minutes.

j) Įpilkite druskos ir raudonųjų čili miltelių.

85. Pandžabų skrudintos pupelės ir lęšiai

Gamina: 7

INGRIDIENTAI:

- 1 geltonas arba raudonas svogūnas, nuluptas ir stambiai pjaustytas
- 1 gabalas imbiero šaknis, nuluptas ir stambiai pjaustytas
- 4 skiltelės česnako, nuluptos ir nuluptos
- 2–4 žali tajų, serrano arba kajeno čili
- 2 šaukštai aliejaus
- $\frac{1}{2}$ arbatinio šaukštelio asafoetida
- 2 arbatinius šaukštelius kmynų sėklų
- 1 arbatinis šaukštelis ciberžolės miltelių
- 1 cinamono lazdelė
- 2 sveiki gvazdikėliai
- 1 juodojo kardamono ankštis
- 2 pomidorai, nulupti ir supjaustyti kubeliais
- 2 šaukštai pomidorų pastos
- 2 puodeliai virtų lęšių
- 2 puodeliai virtų pupelių
- 2 puodeliai vandens
- 2 arbatiniai šaukšteliai rupios jūros druskos
- 2 arbatiniai šaukšteliai garam masala
- 1 arbatinis šaukštelis raudonųjų čili miltelių arba kajeno
- 2 šaukštai maltos šviežios kalendros

INSTRUKCIJOS:

a) Svogūną, imbiero šaknį, česnaką ir čilią virtuviniu kombainu sutrinkite į vandeningą pastą.

b) Gilioje, sunkioje keptuvėje ant vidutinės ugnies įkaitinkite aliejų.

c) Į keptuvę sudėkite asafoetidą, kmynus, ciberžolę, cinamoną, gvazdikėlius ir kardamoną.

d) Virkite 30 sekundžių arba tol, kol mišinys sušils.

e) Lėtai įpilkite svogūnų pastos.

f) Kepkite, kol apskrus, apie 2 minutes, retkarčiais pamaišydami.

g) Įpilkite pomidorų, pomidorų pastos, lęšių ir pupelių, vandens, druskos, garam masala ir raudonosios čili.

h) Mišinį užvirinkite, tada sumažinkite ugnį ir toliau virkite 10 minučių.

i) Išimkite visus prieskonius.

j) Patiekite su kalendra.

86. Špinatai, skvošas ir pomidorų karis

Gamina: 4

INGRIDIENTAI:
- 2 šaukštai gryno arba nerafinuoto kokosų aliejaus
- ½ vidutinio geltonojo svogūno, supjaustyto kubeliais
- 3 skiltelės česnako, susmulkintos
- 2 šaukštai malto imbiero
- 2 arbatiniai šaukšteliai geltonojo kario miltelių, švelnaus prieskonio
- 1 arbatinis šaukštelis maltos kalendros
- ¾ arbatinio šaukštelio raudonųjų pipirų dribsnių, žr. antraštę apie prieskonius
- 4 puodeliai kubeliais pjaustytų riešutų moliūgų, kubeliais
- 14 uncijų skardinė ant ugnies skrudintų susmulkintų pomidorų
- ⅔ puodelio riebaus kokosų pieno
- ¾ puodelio vandens
- 1 arbatinis šaukštelis košerinės druskos
- 4–5 puodeliai kūdikių špinatų
- 4–5 puodeliai virtų rudųjų ryžių

INSTRUKCIJOS:
a) Įkaitinkite puodą ant vidutinės-stiprios ugnies. Įpilkite kokosų aliejaus, tada sudėkite svogūnus. Svogūnus pakepinkite apie 2 minutes, kol pradės minkštėti. Sudėkite česnaką ir imbierą ir kepkite dar minutę.

b) Įpilkite kario miltelių, kalendros ir raudonųjų pipirų dribsnių ir išmaišykite.

c) Sudėkite kubeliais pjaustytą moliūgą, susmulkintus pomidorus, kokosų pieną, vandenį ir druską.

d) Uždenkite puodą dangčiu ir viską užvirinkite.

e) Sumažinkite ugnį iki vidutinės ir leiskite moliūgams virti 15 minučių.

f) Po 15 minučių šakute pradurkite sviestinio moliūgo gabalėlį, kad pamatytumėte, ar moliūgas yra minkštas.

g) Išjunkite šilumą. Sudėkite mažyčius špinatus ir maišykite karį, kol špinatai pradės vyti.

h) Karį patiekite dubenėliuose su rudųjų ryžių arba mėgstamų grūdų šonine.

i) Jei norite, ant viršaus užberkite smulkintų žemės riešutų.

DESERTAI

87. Carob putėsiai su avokadu

Padaro: 1 porcija

INGRIDIENTAI:
- 1 valgomasis šaukštas kokosų aliejaus, ištirpintas
- $\frac{1}{2}$ puodelio vandens
- 5 datos
- 1 valgomasis šaukštas karobų miltelių
- $\frac{1}{2}$ arbatinio šaukštelio maltos vanilės ankšties 1 avokadas
- $\frac{1}{4}$ puodelio aviečių, šviežių arba šaldytų ir atšildytų

INSTRUKCIJOS:
a) Virtuvės kombainu sumaišykite vandenį ir datules.
b) Sumaišykite kokosų aliejų, karobų miltelius ir maltą vanilės ankštį.
c) Sudėkite avokadą ir maišykite kelias sekundes.
d) Patiekite su avietėmis dubenyje.

88. Prieskoniai su šilkmedžiu ir obuoliais

Padaro: 2 porcijos

INGRIDIENTAI:
- ½ arbatinio šaukštelio kardamono
- 2 obuoliai
- 1 arbatinis šaukštelis cinamono
- 4 šaukštai šilkmedžio

INSTRUKCIJOS:
a) Obuolius stambiai sutarkuokite ir sumaišykite su prieskoniais.
b) Sudėkite šilkmedžius ir palikite pusvalandį prieš patiekiant.

89. Aštrus morkų pyragas

Gamina: 4

INGRIDIENTAI:
- $\frac{1}{4}$ puodelio kokosų aliejaus, ištirpinto
- 6 morkos
- 2 raudoni obuoliai
- 1 arbatinis šaukštelis maltos vanilės ankšties
- 4 šviežios datulės
- 1 valgomasis šaukštas vienos citrinos sulčių žievelės, smulkiai tarkuotos
- 1 puodelis goji uogų

INSTRUKCIJOS:
a) Morkas supjaustykite gabalėliais ir sutrinkite virtuviniu kombainu, kol stambiai susmulkins.

b) Įmaišykite obuolį, supjaustytą gabalėliais.

c) Sudėkite likusius ingredientus ir maišykite, kol gerai susimaišys.

d) Padėkite tešlą ant lėkštės ir prieš patiekdami keletą valandų atvėsinkite.

e) Ant viršaus uždėkite goji uogų.

90. Spanguolių kremas

Padaro: 1 porcija

INGRIDIENTAI:

- Avokadas
- $1\frac{1}{2}$ stiklinės spanguolių, išmirkytų
- 2 arbatinius šaukštelius citrinos sulčių
- $\frac{1}{2}$ puodelio aviečių, šviežių arba šaldytų

INSTRUKCIJOS:

a) Sumaišykite avokado, spanguolių ir citrinos sultis.

b) Jei reikia, įpilkite vandens, kad gautumėte kreminę konsistenciją.

c) Dedame į dubenį ir ant viršaus uždedame avietes.

91. Bananų, granolų ir uogų parfėjai

Gamina: 2

INGRIDIENTAI:

- 1 valgomasis šaukštas konditerinio cukraus
- ¼ puodelio neriebios granolos
- 1 puodelis pjaustytų braškių
- 1 bananas
- 12 uncijų veganiškas ananasų skonio jogurtas
- 2 arbatinius šaukštelius karšto vandens
- 1 valgomasis šaukštas kakavos, nesaldintos

INSTRUKCIJOS:

a) Į dvi parfė taures sudėkite veganišką jogurtą, griežinėliais pjaustytas braškes, pjaustytus bananus ir granolą.

b) Sumaišykite kakavą, cukrų ir vandenį iki vientisos masės.

c) Pabarstykite kiekvieną parfė.

92. Mėlynių ir persikų traškumas

Gamina: 8

INGRIDIENTAI:

- 6 puodeliai šviežių persikų, nulupti ir supjaustyti
- 2 puodeliai šviežių mėlynių
- ⅓ puodelis plius ¼ puodelio šviesiai rudojo cukraus
- 2 šaukštai migdolų miltų
- 2 arbatiniai šaukšteliai cinamono, padalinti
- 1 puodelis avižų be glitimo
- 3 šaukštai kukurūzų aliejaus margarino

INSTRUKCIJOS:

a) Įkaitinkite orkaitę iki 350 laipsnių pagal Farenheitą.

b) Kepimo inde sumaišykite mėlynes ir persikus.

c) Sujungti ⅓ puodelio rudojo cukraus, migdolų miltų ir 1 arbatinio šaukštelio cinamono.

d) Suberkite persikus ir mėlynes, kad susimaišytų.

e) Sumaišykite avižas be glitimo, likusį rudąjį cukrų ir likusį cinamoną.

f) Supjaustykite margarine, kol sutrupės, tada pabarstykite vaisius.

g) Kepkite 25 minutes.

93. Brûlée avižiniai dribsniai

Padaro: 6 porcijos

INGRIDIENTAI:
- 3 ¼ puodelio migdolų pieno
- 2 puodeliai avižų be glitimo
- 1 arbatinis šaukštelis vanilės ekstrakto
- 1 arbatinis šaukštelis cinamono
- 1 puodelis jūsų pasirinktų aviečių arba uogų
- 2 šaukštai graikinių riešutų, susmulkintų
- 2 šaukštai rudojo cukraus

INSTRUKCIJOS:
a) Įkaitinkite orkaitę iki 350°F ir išklokite bandelių formas.

b) Puode užvirkite migdolų pieną ant stiprios ugnies; sumaišykite su avižomis ir uždenkite 5 minutes.

c) Įdėkite vanilę ir cinamoną ir išmaišykite, kad susimaišytų.

d) Kiekvieną bandelės puodelį iki pusės užpildykite avižiniais dribsniais.

e) Šaldykite 20 minučių.

f) Kiekvieną avižinių dribsnių puodelį apibarstykite uogomis, graikiniais riešutais ir ruduoju cukrumi.

g) Kepkite iki auksinės spalvos, apie 1 minutę.

94. Uogy asorti Granita

Gamina: 4

INGRIDIENTAI:
- ½ puodelio šviežių braškių, nuluptų ir supjaustytų griežinėliais
- ½ puodelio šviežių aviečių
- ½ puodelio šviežių mėlynių
- ½ puodelio šviežių gervuogių
- 1 valgomasis šaukštas klevų sirupo
- 1 valgomasis šaukštas šviežių citrinų sulčių
- 1 puodelis ledo kubelių, susmulkintų

INSTRUKCIJOS:
a) Uogas, klevų sirupą, citrinų sultis ir ledo kubelius sudėkite į greitaeigį maišytuvą ir dideliu greičiu plakite iki vientisos masės.
b) Uogų mišinį perkelkite į kepimo indą, tolygiai paskirstykite ir užšaldykite 30 minučių.
c) Išimkite iš šaldiklio ir šakute iki galo išmaišykite granitą.
d) Šaldykite 2 valandas, maišydami kas 30 minučių.

95. Veganiški nesaldinti moliūgų ledai

Gamina: 6

INGRIDIENTAI:

- 15 uncijų naminės moliūgų tyrės
- ½ puodelio datulių, be kauliukų ir susmulkintų
- Dvi 14 uncijų skardinės nesaldinto kokosų pieno
- ½ arbatinio šaukštelio ekologiško vanilės ekstrakto
- 1½ arbatinio šaukštelio moliūgų pyrago prieskonių
- ½ arbatinio šaukštelio malto cinamono

INSTRUKCIJOS:

a) Sumaišykite visus ingredientus iki vientisos masės.

b) Užšaldykite iki 2 valandų.

c) Supilkite į ledų gaminimo aparatą ir apdorokite.

d) Šaldykite dar 2 valandas prieš patiekdami.

96. Šaldytas vaisių kremas

Gamina: 6

INGRIDIENTAI:

- 14 uncijų skardinė kokosų pieno
- 1 puodelis šaldytų ananasų gabalėlių, atšildytų
- 4 puodeliai šaldytų bananų griežinėlių, atšildytų
- 2 šaukštai šviežių laimo sulčių
- žiupsnelis druskos

INSTRUKCIJOS:

a) Stiklinį troškintuvą išklokite plastikine plėvele.

b) Sumaišykite visus ingredientus iki vientisos masės.

c) Paruoštą troškinimo indą lygiai pripildykite mišiniu.

d) Prieš patiekdami, užšaldykite apie 40 minučių.

97. Avokadų pudingas

Gamina: 4

INGRIDIENTAI:

- 2 puodeliai bananų, nulupti ir supjaustyti
- 2 prinokę avokadai, nulupti ir supjaustyti
- 1 arbatinis šaukštelis laimo žievelės, smulkiai tarkuotos
- 1 arbatinis šaukštelis citrinos žievelės, smulkiai tarkuotos
- $\frac{1}{2}$ puodelio šviežių laimo sulčių
- ⅓ puodelis medaus
- $\frac{1}{4}$ puodelio migdolų, susmulkintų
- $\frac{1}{2}$ puodelio citrinos sulčių

INSTRUKCIJOS:

a) Sumaišykite visus ingredientus iki vientisos masės.

b) Supilkite putėsius į 4 porcijas stiklines.

c) Prieš patiekiant palaikykite šaldytuve 2 valandas.

d) Papuoškite riešutais ir patiekite.

98. Čili ir graikinių riešutų suktinukai

Padaro: 2-3 porcijos

INGRIDIENTAI:
- 2 morkos, susmulkintos
- 1 valgomasis šaukštas citrinos sulčių
- 5 nori lakštai, supjaustyti ilgomis juostelėmis
- $1\frac{1}{2}$ stiklinės graikinių riešutų
- $\frac{1}{2}$ puodelio raugintų kopūstų
- 5 saulėje džiovinti pomidorai, išmirkyti
- $\frac{1}{4}$-$\frac{1}{2}$ šviežio čili
- $\frac{1}{2}$ puodelio raudonėlio, šviežio
- $\frac{1}{4}$ raudonųjų pipirų

INSTRUKCIJOS:
a) Virtuviniame kombaine susmulkinkite graikinius riešutus, kol jie susmulkins.

b) Sumaišykite morkas, saulėje džiovintus pomidorus, čili, raudonėlį, pipirus ir citriną.

c) Dubenį iki pusės užpildykite panardinimu.

d) Į nori juostelę įdėkite 3 šaukštus riešutų padažo ir raugintų kopūstų.

e) Susukite.

99. Gydomasis obuolių pyragas

Gamina: 8

INGRIDIENTAI:
DĖL OBUOLIŲ:
- 8 obuoliai su šerdimi, nulupti smulkiai supjaustyti
- 16 šaukštų kokosų cukraus
- 2 šaukštai kukurūzų miltų
- 1 arbatinis šaukštelis vanilės ekstrakto
- 1 arbatinis šaukštelis kokosų aliejaus
- 1 arbatinis šaukštelis malto cinamono
- Žiupsnelis jūros druskos pagal skonį

KEŠALUI:
- $1\frac{1}{4}$ puodelio maltų migdolų
- $\frac{1}{4}$ puodelio kokosų aliejaus
- $1\frac{1}{4}$ puodelio miltų be glitimo
- Vanduo, pagal poreikį

INSTRUKCIJOS:
DĖL OBUOLIŲ:
a) Į keptuvę su dangčiu sudėkite obuolius, kokosų aliejų, kokosų cukrų, vanilę, cinamoną ir druską.
b) Palikite virti ant silpnos ugnies, retkarčiais pamaišydami, apie 20 minučių.
c) Kukurūzų miltus ištirpinkite nedideliame vandens šlakelyje mažame dubenyje.
d) Suberkite kukurūzų miltų ir vandens mišinį ir gerai išmaišykite.
e) Kai obuoliai sutirštės, išjunkite ugnį.

KEŠALUI:
f) Įkaitinkite orkaitę iki 180 laipsnių Celsijaus.

g) Sumaišykite visus ingredientus dideliame dubenyje kartu su vandeniu, kol susidarys tvirta tešla.

h) Tešlą padalinkite į dvi dalis ir pusę sudėkite į riebalais išteptą pyrago formą. Pirštais atsargiai paspauskite jį per dugną ir indo šonus.

i) Ištieskite riebalams atsparaus kepimo popieriaus lakštą ant stalviršio ir kočėlu iš likusios tešlos iškočiokite apvalią formą, pakankamai didelę, kad uždengtų pyragą.

j) Kai tai paruošite, obuolių mišinį perkelkite į pyrago plutą.

k) Dabar uždėkite viršutinį tešlos sluoksnį ant pyrago plutos.

l) Pirštais pritvirtinkite viršutinį plutos sluoksnį ant plutos viršaus, nuspauskite visus pyrago kraštus ir įsitikinkite, kad jie tinkamai užsandarinti.

m) Peiliu padarykite nedidelį plyšį pyrago plutos viršuje.

n) Kepkite apie 30 minučių, kol tešlos plutelė taps tvirta ir auksinės rudos spalvos.

Kokosų ir apelsinų vandens makaronai

The picture can't be displayed.

Gamintojas: 14

INGRIDIENTAI:

- 3 puodeliai nesaldinti susmulkinti kokosai
- 4 šaukštai nerafinuoto cukranendrių sirupo
- 4 šaukštai kokosų aliejaus, ištirpinto
- 1 arbatinis šaukštelis apelsinų žiedų gėlių vandens
- Skrudinti migdolai, patiekti

INSTRUKCIJOS:

a) Virtuviniame kombaine sutrinkite kokosą, kol jis suskils į labai mažas gabalėlius. Leiskite šiek tiek tekstūros.

b) Įpilkite sirupo, aliejaus ir žiedų vandens. Blitz, kol gerai susimaišys.

c) Sudėkite mišinį į dubenį ir padėkite į šaldiklį 5-8 minutėms. Tai leis kokosų aliejui sukietėti, kad galėtumėte dirbti su mišiniu.

d) Kol laukiate, į virtuvinį kombainą suberkite 10-12 migdolų ir susmulkinkite juos mažais gabalėliais.

e) Į keptuvę įpilkite 2 arbatinius šaukštelius kokosų aliejaus ir pakaitinkite žemoje temperatūroje, suberkite riešutus ir paskrudinkite kelias minutes, kol pasidarys kvapnus.

f) Išbandykite kokosų tešlą, kad pamatytumėte, ar ji išlieka kartu, kai išspaudžiate nedidelį kiekį delne. Jei paruošta, rankomis išspauskite į mažus rutuliukus. Mišinys yra subtilus.

g) Išdėliokite rutuliukus ant serviravimo indo, o ant viršaus aptepkite apelsinų uogiene ir skrudintais migdolais.

IŠVADA

Kai artėsite prie „Ajurvedos virtuvės: kulinarijos knygos" pabaigos, tikimės, kad giliau supratote ajurvedinio maisto gaminimo principus ir daugybę privalumų, kuriuos jis gali pasiūlyti. Naudodami sveikus, natūralius ingredientus ir laikydamiesi Ajurvedos maisto ruošimo ir derinimo gairių, galite pagerinti savo kūno ir proto pusiausvyrą, sveikatą ir gerovę.

Taip pat tikimės, kad šioje kulinarijos knygoje pateikiami receptai yra ir maistingi, ir skanūs. Nuo guodžiančio kičario iki aštraus daržovių kario – šie patiekalai demonstruoja ajurvedinio maisto gaminimo įvairovę ir skonį.

Norime padėkoti, kad pasirinkote „Ajurvedos virtuvė: kulinarijos knyga" kaip savo maisto gaminimo pagal Ajurvedos principus vadovą. Tikime, kad ši senovinė praktika gali daug ką pasiūlyti mūsų šiuolaikiniame pasaulyje, ir tikimės, kad ši knyga padėjo jums atrasti naujų būdų, kaip skatinti sveikatą ir gyvenimo pusiausvyrą. Taigi pirmyn, eksperimentuokite su Ajurvedos gaminimu ir mėgaukitės daugybe privalumų, kuriuos jis gali pasiūlyti!